essentials

essentials liefern aktuelles Wissen in konzentrierter Form. Die Essenz dessen, worauf es als „State-of-the-Art" in der gegenwärtigen Fachdiskussion oder in der Praxis ankommt. *essentials* informieren schnell, unkompliziert und verständlich

- als Einführung in ein aktuelles Thema aus Ihrem Fachgebiet
- als Einstieg in ein für Sie noch unbekanntes Themenfeld
- als Einblick, um zum Thema mitreden zu können

Die Bücher in elektronischer und gedruckter Form bringen das Fachwissen von Springerautor*innen kompakt zur Darstellung. Sie sind besonders für die Nutzung als eBook auf Tablet-PCs, eBook-Readern und Smartphones geeignet. *essentials* sind Wissensbausteine aus den Wirtschafts-, Sozial- und Geisteswissenschaften, aus Technik und Naturwissenschaften sowie aus Medizin, Psychologie und Gesundheitsberufen. Von renommierten Autor*innen aller Springer-Verlagsmarken.

Sebastian Petrov

Grundlagen der Onpage-Optimierung

Wie Sie suchmaschinenoptimierte Webseiten erstellen – und auf den obersten Plätzen landen

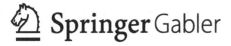 Springer Gabler

Sebastian Petrov
seosupport GmbH
Berlin, Deutschland

ISSN 2197-6708   ISSN 2197-6716   (electronic)
essentials
ISBN 978-3-658-38149-3   ISBN 978-3-658-38150-9   (eBook)
https://doi.org/10.1007/978-3-658-38150-9

Die Deutsche Nationalbibliothek verzeichnet diese Publikation in der Deutschen Nationalbibliografie; detaillierte bibliografische Daten sind im Internet über http://dnb.d-nb.de abrufbar.

Planung/Lektorat: Imke Sander
Springer Gabler ist ein Imprint der eingetragenen Gesellschaft Springer Fachmedien Wiesbaden GmbH und ist ein Teil von Springer Nature.
Die Anschrift der Gesellschaft ist: Abraham-Lincoln-Str. 46, 65189 Wiesbaden, Germany

Was Sie aus diesem *essential* mitnehmen können

- Welche Kriterien Suchmaschinen an gute Webseiten stellen
- Mit welchen Maßnahmen Sie gute Chancen auf beste Platzierungen haben
- Wie Sie Ihre eigene Webseite schrittweise optimieren können

Vorwort

Suchmaschinenoptimierung ist ein weites Feld, das Laien zunächst vor große Herausforderungen stellt. In vielen mittelständischen Firmen ist die Bedeutung des Themas längst angekommen. Eine gut rankende Webseite bedeutet am Ende eben auch mehr Besucher und damit auch höhere Umsätze. Jedoch hapert es in der Praxis oftmals an der Umsetzung. Spezialisierte Agenturen sind teuer und oft schwer zu finden. Daher kommt oft der Wunsch auf, selbst ein hinreichendes Verständnis für die Funktionsweise der Suchmaschine zu entwickeln und damit auch die Fähigkeit zu erwerben, selbst aktiv an der Verbesserung der Website-Performance zu arbeiten.

Dieses Buch hat daher zweierlei Mehrwert für Sie. Auf der einen Seite finden Sie eine Schritt-für-Schritt-Anleitung, mit der Sie Ihre Unternehmenswebsite fit machen können für die Google-Suche. Auf der anderen Seite können Sie mit diesem Wissen gezielt auch Bereiche an Agenturen auslagern, an die Sie sich nicht herantrauen. So oder so bekommen Sie eine breite Wissensbasis und die große Chance, in Sachen SEO-Optimierung an Ihren Mitbewerbern vorbeizuziehen.

Ich wünsche Ihnen viel Erfolg dabei.

Ihr
Sebastian Petrov

Hinweis zur Gender-Regelung
Ich verwende aus Gründen der
Lesbarkeit generell die männliche Form,
spreche aber selbstverständlich mit jeder
Zeile alle Leser und Leserinnen dieses
Buches an.

Inhaltsverzeichnis

Über den Autor

 **Sebastian Petrov** leitet seit 2006 den Digital-Dienstleister seosupport mit Agenturstandorten in Berlin und München. Zu den Kunden gehören Unternehmen im KMU-Bereich, Fortune-500-Firmen und führende DAX-Konzerne bis hin zu internationalen Großunternehmen. Mit dem Ziel digitale Vermarktungsstrategien für webbasierten Verkauf in die jeweilige Firmenkultur zu integrieren, berät er mit seinem 40-köpfigem Team Kunden dabei, mehr Umsatz über das Internet zu generieren und ihre Markenbekanntheit zu erhöhen. Petrov ist Experte für Suchmaschinenoptimierung, Online-Reputation, Employer-Branding, Performance-Marketing und digitale Unternehmenspositionierung. Er hält Vorträge für zahlreiche Organisationen sowie Unternehmen und ist als Online-Marketing-Pionier der ersten Stunde einer der versiertesten Branchenexperten deutschlandweit. Zudem unterstützt er als Lehrbeauftragter bei universitären Veranstaltungen und Vorlesungen angehende Online-Marketer. Als Co-Gründer und Business-Angel ist er an verschiedenen Start-ups und Unternehmen beteiligt.

Definition: Was versteht man überhaupt unter Onpage-Optimierung?

Die Onpage-Optimierung ist eine Subdisziplin der Suchmaschinenoptimierung, bei der im Speziellen der sichtbare und technische Bereich der Seite an die Rankingkriterien der Suchmaschinen angepasst wird. Dazu gehören vor allem die Texte und die Seitenstruktur, aber auch Ladegeschwindigkeiten, Meta-Angaben und Verlinkungen.

Das Wichtigste vorweg: Eine Internetseite wird immer für Besucher geschrieben. Diese Tatsache sollten Sie bei allen Optimierungsmaßnahmen kontinuierlich im Blick behalten. Denn am Ende schließt nicht Google, sondern der Kunde mit Ihnen einen Vertrag ab. Nur mit einer attraktiven Seite und überzeugenden Inhalten gewinnen Sie das gute Bauchgefühl Ihrer Seitenbesucher und gelangen an die gewünschten Conversions.

Die Onpage-Optimierung ist selten komplett abgeschlossen, sondern ein kontinuierlicher Prozess, der immer mal wieder an veränderte Rankingkriterien angepasst werden muss. Wichtig ist, Kennzahlen festzulegen, an denen sich der Erfolg – oder der Misserfolg – der Maßnahmen messen lässt. Regelmäßige Reportings und Erfolgschecks sind wichtig, damit Sie erfolgreiche Maßnahmen verstärken und am Ball bleiben können. Zudem können Sie Ihre Ressourcen besser einteilen und weniger erfolgreiche Maßnahmen außen vor lassen.

1.1 Wie funktioniert eine Suchmaschine?

Um überhaupt ein Gespür dafür zu entwickeln, warum die nachfolgend beschriebenen Maßnahmen zur Onpage-Optimierung wichtig und sinnvoll sind, sollten Sie ein paar grundlegende Kenntnisse über die Funktionsweise der Suchmaschinen bekommen. Jede Suchmaschine – Google, Yahoo, Bing, Ecosia – funktioniert

© Der/die Autor(en), exklusiv lizenziert an Springer Fachmedien Wiesbaden GmbH, ein Teil von Springer Nature 2022
S. Petrov, *Grundlagen der Onpage-Optimierung*, essentials, https://doi.org/10.1007/978-3-658-38150-9_1

mit einem eigenen Algorithmus. Wenn Sie einen Suchbegriff bei Google eingeben, dann werden ganz andere Ergebnislisten erstellt als für den gleichen Begriff bei Yahoo. Bei einem Marktanteil von über 97 % in Deutschland lohnt es sich vor allem, sich auf die Anpassung der eigenen Webpräsenz an den Google-Algorithmus zu fokussieren. Dieser Algorithmus ist aber nicht statisch, sondern wird kontinuierlich weiterentwickelt. Das Ziel der Suchmaschinen ist es, für jede Suchanfrage ein möglichst exaktes Ergebnis auszuliefern und die Ergebnisse nach Relevanz zu sortieren.

1.2   Hinter den Kulissen: Der Aufbau einer Suchmaschine

Um die Funktionsweise einer Suchmaschine zu verstehen, sollten Sie drei wichtige Begrifflichkeiten kennen:

1. **Der Index**
   Wenn Sie in den Suchschlitz bei Google eine Anfrage eingeben, dann durchsucht Google in Sekundenbruchteilen den sogenannten Index nach passenden Seiten. Dabei handelt es sich um ein Abbild des World Wide Web. Dieser Index bildet nicht das gesamte Internet ab, denn E-Mail-Programme, FTP-Programme und auch das Usenet sind nicht Teil des Index. Sie können sich den Index wie eine Art Karteikasten vorstellen, der bereits vorsortiert ist. Wird eine Anfrage gestellt, kann die Suchmaschine in diesem Karteikasten per sofort auf die Ergebnisse zugreifen. Würde der Index bei jeder Suchanfrage neu erstellt werden, dann würde eine Live-Suche vermutlich Tage oder Wochen dauern. Da täglich neue Webseiten hinzukommen und bestehende Seiten aktualisiert werden, wird auch der Index immer wieder neu gespeichert.
2. **Die Crawler**
   Um einen solchen Index überhaupt erstellen zu können, kommen Crawler (auch Spider oder Robots genannt) zum Einsatz. Diese folgen Hyperlinks und finden darüber neue Seiten. Seiten, die überhaupt nicht verlinkt sind, können demnach auch nicht gefunden werden. Hinter dem Crawling steht ein komplexer, mehrstufiger Prozess, in dem bereits bekannte von den neuen Seiten separiert werden. Neue Seiten werden über den URL-Server verwaltet und analysiert – sowohl auf ihre inhaltliche Ausrichtung als auch darauf, ob sie den Google-Richtlinien entsprechen. Seiten, die unerlaubte Techniken wie zum Beispiel das Cloaking einsetzen, werden gar nicht erst in den Index aufgenommen und sind daher auch in der Google-Suche nicht zu finden.

3. **Die Searcher**
   Wird eine Suchanfrage gestellt, dann muss Google die Intention dahinter verstehen. Es macht schließlich einen Unterschied, ob ich eine Wohnung mieten oder vermieten möchte. Google untersucht mithilfe der Searcher die Semantik einer Suchanfrage, um möglichst exakte Ergebnisse ausliefern zu können.

1.3   So finden Suchmaschinen eine Webseite

Mit diesem Vorwissen können Sie nun auch nachvollziehen, wie Google Ihre Webseite unter dem gewünschten Suchbegriff finden kann. Wenn Sie eine Suchanfrage stellen, dann setzt sich ein 3-stufiger Prozess in Gang.

1. **Eintragung des Suchbegriffes**
   Der Suchbegriff wird vom Nutzer in das Suchfeld eingetragen.
2. **Der Index wird von den Crawlern durchsucht**
   Die Webcrawler durchsuchen den zuvor erstellten Index auf die passenden Ergebnisse.
3. **Die Ergebnisliste wird erstellt**
   Alle Treffer werden nun der Relevanz nach sortiert und als Ergebnisliste zusammengestellt. Welches Ergebnis an welcher Stelle erscheint, wird durch den Algorithmus beeinflusst.

1.4   Wie funktioniert der Algorithmus von Google?

Neben dem Rezept für Coca-Cola ist dies wohl das am besten gehütete Geheimnis der Welt. Das Unternehmen selbst gibt zwar in seinen Richtlinien und den Updates kontinuierlich Hinweise und Tipps heraus – eine detaillierte Vorstellung des Suchalgorithmus bis in den letzten Winkel hinein existiert aber nicht. Daher sind wir in der Optimierung auf Erfahrungswerte, Tests und vor allem auf das Verständnis dafür angewiesen, was Google von einer Webseite erwartet.

Dieser kleine Exkurs wird Ihnen dabei helfen, die genannten Maßnahmen zur Onpage-Optimierung nicht nur umzusetzen, sondern sie auch zu verstehen.

Vorarbeit

2

2.1 Analyse des Ist-Zustandes

Um Optimierungspotenziale zu entdecken, muss zunächst der Ist-Zustand der bestehenden Seite geklärt werden. Was ist vorhanden, wo bestehen Lücken und welche Potenziale gilt es, für die Optimierung auszuschöpfen? Prüfen Sie hier am besten die folgenden Bereiche.

2.1.1 Besucherzahlen

Die Besucherzahlen geben Ihnen einen wichtigen Hinweis darauf, wie gut Ihre Seite bereits gefunden wird. Ein kostenloses Tool, das Ihnen die relevanten Besucherdaten liefert, ist Google Analytics. Per Benchmark erhalten Sie vergleichbare Zahlen aus Ihrer Branche, sodass Sie eine gute Einschätzung erhalten, wo Sie stehen. Über Analytics können Sie dann auch in Zukunft verfolgen, wie sich die Besucherzahlen verändern und ob die Optimierungsmaßnahmen den gewünschten Erfolg bringen. Die absoluten Besucherzahlen lassen sich über dieses Tool noch weitaus spezifischer darstellen. Sie können verfolgen, ob es sich um neue oder wiederkehrende Besucher handelt, wie lange sie bleiben, ob sie über den Desktop-PC oder über Mobilgeräte gekommen sind und auf welchen Seiten sie wieder abspringen. Suchen Sie sich aus diesen Daten diejenigen aus, die Sie im Zuge der Onpage-Optimierung weiterverfolgen wollen.

© Der/die Autor(en), exklusiv lizenziert an Springer Fachmedien Wiesbaden GmbH, ein Teil von Springer Nature 2022
S. Petrov, *Grundlagen der Onpage-Optimierung*, essentials,
https://doi.org/10.1007/978-3-658-38150-9_2

2.1.2 Traffic-Quellen

Ein wichtiger Betrachtungspunkt sind die Quellen, über die Besucher auf Ihre Seiten finden. Direktzugriffe deuten darauf hin, dass es Stammkunden sind, die Ihre Domain bereits kennen oder dass Flyer oder Plakate den gewünschten Effekt gebracht haben. Ebenso werden auch Social-Media-Kanäle, Mails, weiterführende Seiten oder eben auch die organische Google-Suche als Kanäle genannt.

2.1.3 Content

Es gibt einige gute Tools, die Ihnen eine Übersicht über die Qualität Ihres Contents liefern können. Es können mehrere Bewertungskriterien zurate gezogen werden. Die wichtigsten davon können Sie anhand der folgenden Übersicht nachvollziehen.

- *Performance des Contents*
  Die Content-Perfomance wird von Tools wie Google Analytics gemessen. Sie können anhand der Daten genau nachvollziehen, welche Seiten als Landingpages bzw. Einstiegsseiten fungieren, wie lange die Besucher bleiben und wo sie den Seitenbesuch abbrechen. Wenn Sie ein Conversions-Tracking einrichten, dann können Sie auch nachvollziehen, welche Seiten die Umsatztreiber sind, die Abschlüsse generieren.
- *SEO-Qualität des Contents*
  Um es noch einmal vorweg zu sagen: Es gibt heute keine reinen SEO-Seiten mehr. Inhalte müssen in erster Linie für die Leser gemacht sein, denn dann sind sie auch für die Suchmaschinen relevant. Was guter Content ist, lesen Sie später im Teil zur Umsetzung der Onpage-Maßnahmen. An dieser Stelle sollten Sie aber zunächst den Status quo ermitteln. Tools wie beispielsweise seobility liefern Ihnen die wichtigsten Daten über die Textlänge, die Keyword-Einbindung, die Verwendung der Überschriften, die Textstruktur, die Satzlänge und mögliche Duplikate. Diese Auswertungen liefern Ihnen sehr gute Hinweise darauf, an welchen Stellen Sie Ihren Content optimieren müssen.
- *Aktualität*
  Ihre Seitenbesucher erwarten aktuelle Inhalte. Kaum etwas ist schädlicher für das Vertrauen von Seitenbesuchern und Suchmaschinen, als wenn Sie veraltete und damit falsche Inhalte publizieren. Es lohnt sich, in regelmäßigen Abständen die Seiteninhalte zu prüfen und sie bei Bedarf zu aktualisieren. Es ist ein

sehr gutes Signal für die Suchmaschinen, wenn Sie regelmäßig an bestehenden Seiten arbeiten und damit sicherstellen, dass die Seite immer auf dem neusten Stand ist.

Tipp: Indexierte Seiten bei Google prüfen

Um einen Überblick zu bekommen, welche Ihrer Seiten von Google überhaupt indexiert sind, können Sie eine Seitenabfrage machen. Dazu tragen Sie die Kombination **site:ihrewebsite.de** ein. Sollten wichtige Seiten in der Auflistung fehlen, dann müssen Sie auf Ursachenforschung gehen.◄

2.1.4 Ladezeiten

Ladezeiten sind ein wichtiger Rankingfaktor. Über kostenlose Tools wie webpagetest.org können Sie die Ladezeiten messen. Über die Google Search Console sollten Sie Ihre Ladezeiten im Blick behalten. Sollten diese in einen kritischen Bereich abfallen, werden Sie darüber informiert und können handeln.

2.1.5 Struktur

Google liebt und erwartet strukturierte Seiten. Möglichst wenige, dafür konkret benannte Navigationspunkte sollten innerhalb von 2 Klicks zu den wichtigsten Seiten führen. Bevor Sie also einzelne Seiten optimieren, überlegen Sie zunächst, ob jede Seite dem richtigen Navigationspunkt zugeordnet ist und ob die Struktur einer nachvollziehbaren Logik folgt. Die Navigation muss auf den ersten Blick klarmachen, worum es auf Ihrer Seite geht. Bezeichnungen wie „Unsere Leistungen" oder „Wir über uns" sind nichtssagend und können sowohl von Zahnärzten als auch von Wahrsagern verwendet werden.

2.1.6 Fehler

Führen Sie für Ihre Seite einen Fehler-Scan durch. Identifizieren Sie Broken Links und prüfen Sie, ob alle angelegten Seiten tatsächlich existent sind. Auch hier helfen Analysetools wie seobility weiter und auch die Search Console gibt Ihnen Seiten aus, die nicht von den Crawlern gefunden werden konnten.

2.1.7 Usability

Wer selbst eine Webseite entwickelt oder zumindest mit aufgebaut hat, wird „betriebsblind". Da Sie auch im Schlaf wissen, wie Sie die Unterseite der Überseite der dritten Navigationsstruktur finden, können Sie nicht mehr einschätzen, ob neue Besucher auch schnell dorthin finden. Suchen Sie sich am besten einige Testpersonen aus, die für Sie durch Ihre Seiten scrollen und geben Sie Ihnen die Aufgabe, eine bestimmte Seite zu finden. Solche Praxistests liefern Ihnen wichtige Daten darüber, wie übersichtlich Ihre Struktur tatsächlich ist oder welche Probleme in der Usability es zum Beispiel durch zu kleine Linktexte gibt. Sie sollten Usability-Checks regelmäßig durchführen (lassen).

2.2 Zielgruppenanalyse

Erstaunlicherweise können viele Unternehmen nicht konkret benennen, wer genau zu ihrer Zielgruppe gehört. Diese Information ist aber relevant, um zu wissen, wer die Seite eigentlich besucht und was er von ihr erwartet. Klären Sie für die Analyse der Zielgruppe die folgenden Fragen:

- Private oder Business-Kunden
- Geschlecht
- Alter
- Bildungsstand
- Einkommen
- Wohnort
- Interessen und Hobbys

Wie Sie an diese Daten kommen, ist ganz unterschiedlich. Wichtige Informationen liefert Ihnen Google Analytics. Vielleicht haben Sie auch Social-Media-Kanäle, die Ihnen sogar ein Gesicht zu Ihren Kunden geben und darüber hinaus ebenfalls relevante Fakten zu den genannten Punkten liefern. Sollten Sie einen Kundendienst haben, dann kann dieser ebenfalls Daten erfassen, die später hilfreich für die Ausrichtung Ihrer Homepage sind.

2.3 Mitbewerberanalyse

Sich mit den eigenen Mitbewerbern und Konkurrenten auseinanderzusetzen, ist ein bisschen so, wie den Finger mitten in eine Wunde zu legen. Sie müssen ehrlich erkennen, wo die anderen etwas besser machen, aber auch wo Schwachstellen zu finden sind, bei denen Sie es selbst besser machen können. Erstellen Sie zunächst eine Auflistung Ihrer direkten Konkurrenten, indem Sie checken, welche Seiten für Ihre avisierten Hauptkeywords ganz vorne ranken. Auch diesen Schritt sollten Sie regelmäßig durchführen, denn es kommen immer mal wieder neue Mitbewerber dazu.

Insbesondere die folgenden Punkte sollten Sie dabei beobachten

- **Rankings**
  Unter welchen Suchbegriffen liegen die anderen vor und hinter Ihnen? Richten Sie am besten auch für Ihre Mitbewerber eine Ranking-Überwachung ein.
- **Werbeaktivitäten**
  Wo sind Ihre Mitbewerber präsent? Haben Sie eigene Social-Media-Kanäle, machen Sie Print-Werbung, in welchen Branchenbüchern sind sie gelistet?
- **Backlinks**
  Die Zahl und die Qualität der Backlinks haben einen entscheidenden Einfluss auf die Positionierung der eigenen Seite in den Suchmaschinen. Spezielle Tools (Stichwort „Backlink Checker") listen auf, welche Backlinks die Konkurrenten haben. Oftmals stammen diese zum Beispiel von Portalen, die qualitative Beiträge eines Unternehmens veröffentlichen und dies mit einem Link zur Seite belohnen.
- **Content-Strategie**
  Da die Webseiten-Inhalte ein wesentlicher Ranking-Faktor sind, sollten Sie immer einen Blick auf die Content-Strategie werfen. Welche Inhalte haben die Wettbewerber, bringen Sie regelmäßig Blogbeiträge und News heraus, bieten Sie Leadmagneten in Form von White-Papern oder E-Books an?

2.4 Performance der eigenen Webseite messen: Kennzahlen und Tools

Das Ziel jeder Onpage-Optimierung ist es, die Performance der Seite zu steigern und dadurch am Ende die gewünschten Conversions zu erreichen. Damit Sie die Entwicklung der Performance während der Optimierung nachvollziehen können, sollten Sie vorab wichtige Performance-Kennzahlen definieren. Diese Kennzahlen müssen individuell und separat für jedes Unternehmen festgelegt werden. Zu den wichtigsten Kennzahlen gehören die Folgenden:

- Sichtbarkeit (z. B. prüfen über domainvalue.de)
- Keyword Ranking (Rankingüberwachung einrichten bei einem ausgewählten Tool)
- Benchmarking (z. B. über Google Analytics)
- Besucherquellen
- Verweildauer auf den Seiten
- Absprungraten
- Ausstiegsseiten
- Konversionsraten
- Klicks auf das Kontaktformular
- Anzahl von Downloads
- Anzahl der Newsletter-Anmeldungen

2.5 Ziele festlegen

Was wollen Sie eigentlich mit einer Onpage-Optimierung erreichen? Diese Frage muss geklärt sein, bevor Sie mit der Arbeit beginnen. Möchten Sie mehr Umsatz machen, Anfragen generieren oder Ihr unternehmerisches Image verbessern? Wollen Sie Kundendaten sammeln oder Downloads generieren? Zu den meistgesteckten Zielen gehören:

- Traffic auf der Homepage generieren
- Markenbekanntheit erhöhen
- Einnahmen steigern
- Leadgenerierung
- Kundenbindung auf emotionaler Ebene steigern

Nach Möglichkeit sollten Sie die Ziele nicht nur allgemein benennen, sondern auch konkret mit Zahlen und Daten versehen. Wie viele neue Kunden wollen Sie bis zu welchem Zeitpunkt erreichen? Die Ziele sollten immer realistisch gehalten werden, sonst geht die Motivation schnell verloren.

Onpage-Optimierung

3

„On page" umfasst, wie der Name schon sagt, Maßnahmen, die direkt die Webseite betreffen. Davon abgegrenzt sind die Offpage-Maßnahmen, die nicht direkt den sichtbaren oder technischen Bereich der eigenen Homepage betreffen, sondern sich nur indirekt auf die Seite auswirken, wie beispielsweise externe Verlinkungen. Das eine bedingt das andere. Nur wenn die eigene Seite optimal aufgestellt und gut durchdacht ist, können die nötigen Argumente für Marketingmaßnahmen und den Kontaktaufbau getroffen werden. Für die Onpage-Optimierung gibt es ganz unterschiedliche Ansatzpunkte. Wir haben die Maßnahmen in drei Bereiche unterteilt, die Sie strukturiert abarbeiten können: Inhaltlich-strukturelle Maßnahmen, technische Faktoren und Conversion- und Usability-Faktoren.

3.1 Inhaltlich-strukturelle Onpage-Faktoren

Wie im ersten Teil des Buches bereits erwähnt, sind die Struktur und die Inhalte wesentlich für den Erfolg einer Webseite. Nichts ist schädlicher als eine undurchsichtige Sitemap, in denen die Seiten keine nachvollziehbare Ordnung haben. Auch qualitativ minderwertige Texte schädigen Ihr Ranking und auch Ihr Image. In diesem Kapitel finden Sie einen Leitfaden, wie Sie Ihre Webseite inhaltlich und strukturell so optimieren können, dass die besten Voraussetzungen für Top-Rankings geschaffen werden.

© Der/die Autor(en), exklusiv lizenziert an Springer Fachmedien Wiesbaden GmbH, ein Teil von Springer Nature 2022
S. Petrov, *Grundlagen der Onpage-Optimierung*, essentials,
https://doi.org/10.1007/978-3-658-38150-9_3

3.1.1 Domainname

Die Domain ist Ihre Adresse im Internet. Der Domainname sollte möglichst
prägnant und einprägsam sein, damit ihn sich Ihre Kunden gut merken können.
Außerdem wird die Webadresse oft auf dem Briefpapier, auf Visitenkarten und
anderen Print-Werbemitteln gedruckt und sollte daher so wenig Zeichen wie möglich enthalten. Aber auch aus der Sicht der Suchmaschinen ist der Domainname
ein nicht zu unterschätzendes Rankingkriterium.

3.1.1.1 Neuen Domainnamen finden
Wenn Sie im Zuge der Optimierung einen neuen Domainnamen finden wollen,
weil der alte keinem der genannten Kriterien mehr entspricht, dann sollten Sie
in die Suche ausreichend Zeit investieren. Die wichtigsten Eigenschaften eines
guten Domainnamens haben wir Ihnen hier noch einmal zusammengefasst.

- **Kurz und prägnant**
  Aus den genannten Gründen sollte der Domainname leicht zu merken sein.
- **Assoziativ**
  Aus dem Namen sollte möglichst bereits hervorgehen, worum es auf der Web-
  seite geht. Betreiben Sie eine Seite mit Tipps für Hundeerziehung oder wollen
  Sie Telefonverträge verkaufen? Je klarer der Domainname, desto besser.
- **Keywords**
  Nach Möglichkeit sollte im Domainnamen ein Hauptkeyword enthalten sein.
  Während noch vor einigen Jahren das Keyword im Domainnamen als eines
  der wichtigsten Rankingkriterien galt, ist es heute eher ein „Nice-to-have".
  Auch beim Keyword im Domainnamen gilt: Kein SPAM. Eine Seite, die
  unter handy-handys-smartphones.de an den Start gehen will, lässt schon nichts
  Gutes dahinter vermuten.
- **Keine Verwechslungsgefahr**
  Einige größere Portale spielen damit, dass sie denselben Domainnamen wie
  die Konkurrenz verwenden, nur mit einer anderen Endung oder einem „ue"
  statt einem „ü". Ein prominentes Beispiel sind die Domains „flüge.de" und
  „fluege.de". Letztere Seite hat aufwendige TV-Kampagnen gestartet, um Kunden der einen Seite für sich zu gewinnen. Ob ein solches Vorgehen für Ihr
  Business tatsächlich sinnvoll ist, sollten Sie genau prüfen. Wir raten eher dazu,
  einen klaren und unverwechselbaren Namen zu finden.
- **Keine Sonderzeichen**
  Sonderzeichen wie „Ä, Ü, Ö" oder auch „&"-Zeichen oder Umlaute sollten
  nicht Teil des Domainnamens sein.

3.1.1.2 Generische Domain oder Marken-URL?

Wenn Sie eine eigene Marke aufbauen bzw. eine bestehende Marke stärken und in den Köpfen der Kunden verankern wollen, dann verwenden Sie selbstbewusst einen eigenen Markennamen. Wissen Sie, was die Seite Zalando verkauft? Klar wissen Sie das, obwohl der Domainname keinen Hinweis darauf liefert. Statt „diebestenschuhe.de" hat sich das Unternehmen bewusst für einen Marken-Domainnamen entschieden und diesen durch Cross-Media-Kampagnen bekannt gemacht. Ob für Sie eine generische URL wie zum Beispiel schicke-schuhe.de oder eben ein Markenname infrage kommt, müssen Sie im Einzelfall für sich prüfen.

3.1.1.3 Lohnt es sich, den Domainnamen zu wechseln?

Der Wechsel eines Domainnamens ist ein großer Schritt, der gut überlegt sein will. Sie setzen Ihre Domain und alle bisherigen Maßnahmen damit noch einmal auf 0 und alle bestehenden Verbindungen und Verlinkungen sind weg. Zudem ist auch das Alter des Domainnamens ein vertrauensbildender Vorteil. Je älter die Seite ist, desto mehr Vertrauen setzt die Suchmaschine auch in die Seite.

Hinweis: Domains auf ihre Vergangenheit prüfen

Wenn Sie eine neue Domain registrieren, sollten Sie immer die Domain-History prüfen. Wenn unter dieser Domain zum Beispiel früher einmal SPAM betrieben oder Malware verbreitet wurde, dann kann das schlechte Image auch auf Ihre Inhalte abfärben. Eine Möglichkeit der Prüfung bietet die „Wayback Machine". Auch über das „Spamhaus-Project" können Sie Domainnamen auf ihre Vergangenheit hin überprüfen.◄

3.1.2 SEO freundliche URLs

Als die ersten Webseiten erstellt wurden, benannten die Programmierer deren Unterseiten oftmals etwa so: www.domainname.de13773-xpr-376480. Eine solche Vorgehensweise ist heute nicht mehr empfehlenswert. Bis heute ist es auch in Onlineshops noch üblich, Produktseiten etwa so zu benennen: www.schuhe.de/product_1624225. Weder die Suchmaschinen noch die Nutzer können darauf erkennen, ob es sich um Pumps oder Wanderschuhe handelt. Auch die Unterseiten sollten möglichst konkret kommunizieren, was sich dahinter verbirgt. Wenn Sie im Internet zum Beispiel nach „Roten Pumps Größe 39" suchen, dann wird

Ihnen in der Ergebnisliste auch die URL angezeigt. Wenn sich die Suchanfrage in dieser URL wiederfindet, dann wirkt dies wie eine Aufforderung an den Besucher zu klicken, denn scheinbar verbirgt sich hinter dem Link genau das, was er gesucht hat. Nutzer klicken im Allgemeinen lieber auf sprechende als auf kryptische URLs. Achten Sie darauf, dass Sie ein Content-Management-System auswählen, mit dem Sie diese sprechenden URLs anlegen können.

3.1.3 Keywords

Eines der größten Themen der Onpage-Optimierung sind die Suchbegriffe, unter denen eine Seite gefunden werden soll. Wenn sie mit der Onpage-Optimierung beginnen, sollten Sie sich darüber im Klaren sein, unter welchen Keywords Sie gefunden werden wollen bzw. für welche Suchbegriffe Conversions am wahrscheinlichsten sind. Keywords sind der Kern der Suche, denn sie verbinden die Intention eines Nutzers mit dem Angebot auf einer Webseite.

Das Suchverhalten im Internet hat sich in den vergangenen Jahren gewandelt in die Richtung, dass Suchanfragen immer konkreter werden. Wo früher nur nach „Hemden" gesucht wurde, trägt man heute „Kariertes Herrenhemd Größe L in Blau" in die Suchmaske ein. Darauf müssen auch Seitenbetreiber reagieren und entsprechende Longtails verwenden. Wie Sie von der Recherche der relevanten Keywords bis zur Verwendung der Suchbegriffe vorgehen können, haben wir Ihnen in der folgenden Anleitung kompakt dargestellt.

3.1.3.1 Schritt 1: Analyse des Ist-Zustandes
Bei den meisten Internetseiten existiert bereits eine Art Keyword-Strategie, auch wenn vielleicht nur der Praktikant irgendwann einmal ein paar Suchbegriffe recherchiert und entsprechende Texte dazu geschrieben hat. Ermitteln Sie im ersten Schritt also, wie sich der IST-Zustand darstellt und für welche Keywords bereits gute Listungen erzielt wurden. Ein gutes, aber auch kostenintensives Tool ist Sistrix, das dazu sehr gute Verlaufsdaten liefert. Sie können in der Auswertung alle Keywords sehen, die Top-100-Positionen erreicht haben, wobei natürlich für tatsächliche Klicks nur die Top-10-Ergebnisse relevant sind.

Hinweis: Nicht jede positive Entwicklung hat Einfluss auf die Klickzahlen

In den Tools ist oft zu erkennen, dass eine Kurve sich positiv entwickelt und scheinbar Rankingverbesserungen aufzeichnet. Schauen Sie diese Kurven aber genau an, denn oftmals betreffen die Entwicklungen nicht die ersten Seiten der Google-Ergebnislisten. Wenn Sie mit 100 Keywords von Position 100 auf Position 80 gerutscht sind, entsteht zwar eine beeindruckende Kurve, neue Besucher kommen aber trotzdem nicht auf Ihre Seiten.◄

3.1.3.2 Schritt 2: Keyword-Strategie entwickeln

Nur in sehr seltenen Fällen macht es Sinn, die eigene Seite auf ein Keyword mit nur einem Suchbegriff wie „Restaurant" oder „Hotel" zu optimieren. Wie bereits erwähnt, werden die Suchanfragen immer konkreter. Wer Urlaub an der Ostsee machen möchte, der gibt „Ferienwohnung in Warnemünde für 4 Personen mit Meerblick" ein. Dieser Trend sollte sich in Ihrer Keyword-Strategie widerspiegeln. Dazu sollten Sie auch wissen: Je konkreter und länger eine Suchanfrage ist, desto weniger Suchanfragen hat sie.

Früher wurden Suchbegriffe bzw. Suchanfragen mit wenigen Klicks oft nicht in der Keyword-Strategie berücksichtigt, da sich eine Optimierung für nur 50 Anfragen scheinbar nicht lohnte. Allerdings sollten Sie beachten, dass je konkreter eine Suchanfrage ist, desto stärker ist auch die Intention dahinter. Wer unter einer so konkreten Suchanfrage wie die Ferienwohnung mit Seeblick ein exakt passendes Ergebnis findet, der wird die Wohnung mit hoher Wahrscheinlichkeit auch buchen. Über Phrasen und Longtails gewinnen Sie nicht immer extrem viele, dafür aber qualifizierte Besucher. Mehrere gute Positionen unter konkreten Longtail-Anfragen können also am Ende effizienter sein als eine gute Positionierung unter einem Ein-Wort-Keyword, das zwar laut Analysen mehrere tausend Anfragen hat, sich darunter aber kaum ein Besucher befindet, der ein konkretes Kauf- oder Buchungsinteresse hat.

Verschiedene Arten von Suchanfragen
Man unterscheidet grundsätzlich zwischen drei Arten von Suchanfragen, die Sie im Hinterkopf haben sollten.

• *Transaktionale Suchanfragen*
  Bei diesen Suchanfragen möchte der Nutzer eine konkrete Transaktion ausführen. Die Sucheingabe „Ferienwohnung an der Ostsee buchen" zeigt, dass der Suchende scheinbar direkt in der Urlaubsplanung steckt.
• *Navigationsorientierte Suchanfragen*
  Anfragen wie diese zeigen, dass der Nutzer zu einer bestimmten Webseite, einem Shop oder einem Portal navigieren möchte. Er sucht zum Beispiel nach dem „Apple" oder „Microsoft".

- *Informationsorientierte Suchanfragen*
  Diese Suchanfragen werden eingegeben, wenn jemand nur nach einer Information sucht zum Beispiel „Wetter an der Ostsee". Vielleicht hat der Suchende im Hinterkopf, dass er an die Ostsee fahren und dort eine Ferienwohnung buchen will, vielleicht studiert aber auch ein Geografie-Student für seine Facharbeit.

Merksatz

Sehr kurze Suchanfragen deuten darauf hin, dass sich Besucher erst einmal über ein Thema informieren wollen und noch kein konkretes Kaufinteresse haben. Je länger und spezifischer eine Anfrage ist, desto größer ist auch die Chance auf einen Besucher mit einem realen Kaufinteresse.◄

3.1.3.3 Schritt 3: Keyword-Recherche und Keyword-Clustering

Wenn klar ist, auf welche Art von Keywords Sie sich strategisch konzentrieren wollen, dann geht es an die Keyword-Recherche. Oftmals bestehen schon solche Dokumente, die mal irgendwann von irgendwem erstellt wurden. Es lohnt sich, im Rahmen der Onpage-Optimierung diese Arbeit noch einmal zu wiederholen bzw. zu aktualisieren, denn immer mal wieder kommen neue Keywords dazu. Auch Ihr Unternehmen verändert sich – an diese Entwicklungen müssen sich auch Ihre Suchbegriffe anpassen. Die Keyword-Recherche ist ein komplexer Prozess, der nicht am Ende der Woche abgeschlossen sein wird. Planen Sie also einen realistischen Zeitraum für diese Arbeit ein. Wie Sie exemplarisch bei der Recherche Ihrer Keywords vorgehen können, haben wir in der folgenden Übersicht zusammengefasst.

- **Brainstorming**
  Das Schwarmwissen ist oft unbezahlbar. In einem Meeting können Sie Mitarbeiter und Kollegen dazu motivieren, aus ihrer Sicht Schlagworte zu finden, die Ihr Unternehmen und das Angebot beschreiben. Nehmen Sie sich ein Whiteboard und schreiben Sie darauf die Frage: „Welche Begriffe würden Sie in die Suchmaske eingeben, um auf die eigene Seite zu gelangen? Im Ergebnis entstehen dann erste Ansatzpunkte, die Sie für die feinere Keyword-Recherche nutzen können. Zudem ergeben sich oft auch Synonyme sowie regionaltypische Ausdrücke, die über eine toolbasierte Recherche nicht ausfindig gemacht werden können. Thematisieren Sie hier auch, ob es im Suchverlauf saisonale Besonderheiten gibt oder ob „Tabuwörter" existieren, unter denen Sie nicht gefunden werden wollen.

Legen Sie im Anschluss eine Excel-Tabelle an, die alle Beteiligten ergänzen können und finden Sie hier schon eine sinnvolle Sortierung für die Begriffe.

- **Anregungen einholen**
  Sie optimieren Ihre Seite für die Praxis. Dementsprechend sollten Sie sich Anregungen für Suchbegriffe ebenfalls aus der Praxis holen. Prüfen Sie achtsam Ihre Korrespondenz und sensibilisieren Sie einen vorhandenen Kundendienst dafür, sich Begriffe zu notieren.

- **Keyword-Recherchetools**
  Es gibt gefühlt so viele Keyword-Recherchetools wie Sterne am Himmel. Einige davon sind besser, andere sind weniger gut geeignet. Ein empfehlenswertes Tool ist der Keyword-Planner, der allen GoogleAds-Kunden kostenlos zur Verfügung steht. Sie bekommen hier aus erster Hand Keyword-Ideen mit einer groben Schätzung des Suchvolumens. Auch Synonyme und Varianten werden ausgegeben. Das Gute: Alle gefundenen Suchbegriffe können als Excel-Liste heruntergeladen werden. Über den Keyword-Planner können Sie auch Konkurrenten analysieren und deren Keywords herausfiltern. Wichtig: Sortieren Sie irrelevante Keywords gleich aus, bevor Sie die Liste herunterladen, sonst wird es zu unübersichtlich.

- **Google Suggest**
  Wenn Sie in den Google Suchschlitz einen Begriff eintragen, dann wird dieser automatisch vervollständigt. Bei den Vervollständigungen handelt es sich um häufige Kombinationen, die in diesem Zusammenhang von realen Nutzern eingegeben werden. Die Autovervollständigung ist eine großartige Möglichkeit, weitere Keyword Ideen zu entdecken.

Tipps für Keyword Tools

Wie schon erwähnt, gibt es zahlreiche Keyword-Tools auf dem Markt. Um ein paar zu nennen: übersuggest, longtailguru oder auch das Sistrix-Tool sind empfehlenswert für die Keyword-Recherche.◄

3.1.3.4 Schritt 4: Keywords sortieren und priorisieren

Für jedes gefundene Keyword eröffnet sich eine neue Liste aus Synonymen und semantischen Begriffen. Daher können Keyword-Listen leicht ausufern, weil man vom Hundertsten ins Tausendste kommt. Umso wichtiger ist es, nach Abschluss der Recherche eine Sortierung vorzunehmen. Für die Bewertung sollten Sie zwei Kriterien zu Rate ziehen.

1. **Wie groß ist das Suchvolumen?**
   Wie an anderer Stelle schon geschrieben, müssen es nicht nur die Keywords mit mehreren 1000 Suchanfragen sein. Wenn Sie mit einem Keyword, dass 200 Suchanfragen hat auf Platz 1 ranken und davon 40 % qualifizierte Besucher auf die Seite bekommen, kann das für eine Versicherung mit hohen Margen schon den Jahresumsatz effektiv steigern. Keywords mit keinem messbaren Suchvolumen sollten dagegen aus der Keyword-Liste entfernt werden.
2. **Wie groß ist die Chance für eine Conversion?**
   Lohnend sind am Ende nur die Keywords, die auch zu einer Transaktion führen. Auch informale Suchen können im zweiten Step zu einer Conversion führen, jedoch haben diese Keywords dann keine Priorität. Es lässt sich nichts beschönigen: Sie müssen diesen Schritt per Hand ausführen und die „Conversionnähe" manuell überprüfen. Die gute Nachricht: Es lohnt sich am Ende und spart viel Zeit, die Sie ansonsten für die Optimierung auf für Sie irrelevante Keywords verschwenden würden.

Prüfen Sie bei der Auswahl auch immer, wie groß die Chancen sind, für das Keyword mit der eigenen Seite die ersten Plätze zu besetzen. Wenn diese Arbeit abgeschlossen ist, dann sollten Sie den Keywords noch Prioritäten zuweisen. Transaktionale Suchbegriffe mit einem hohen Suchvolumen haben dabei die Priorität 1. Informale Keywords mit einer sehr hohen Konkurrenzdichte landen dagegen in der Prioritätenliste weiter hinten.

3.1.3.5 Schritt 5: Keywords clustern und zuordnen

Sie haben an dieser Stelle schon sehr viel geschafft. Sie besitzen eine aufgeräumte Keyword-Liste, die ab sofort die Basis für Ihre Optimierungsmaßnahmen liefert. Insbesondere für die Texterstellung ist es jetzt wichtig, die Keywords nach Themen zu clustern. Anhand dieser Cluster können Sie erkennen, zu welchen Themen eigene Texte erstellt werden müssen, und welche Keywords vielleicht in einem Text miteinander kombiniert werden können. Prüfen Sie also, welche Keywords thematisch miteinander kombiniert und zu einer holistischen Seite zusammengefasst werden können. Zum Abschluss dieser Arbeit ordnen Sie die Keyword-Cluster noch den bestehenden Seiten/Menüpunkten zu bzw. legen fest, zu welchen Suchbegriffen neue Seiten erstellt werden müssen.

3.1.4 Seitenstruktur

Die Robots der Suchmaschinen lieben klare Strukturen. Sie schaffen mit Ihrer Seite die besten Voraussetzungen für gute Listings, indem Sie flache und aussagekräftige Hierarchien anlegen und eine verständliche Struktur schaffen. Diese dient in erster Linie dazu, dass sich neue Besucher intuitiv auf Ihren Seiten zurechtfinden und sofort den Pfad zu den gesuchten Inhalten finden. Der Weg sollte immer vom Allgemeinen zum Speziellen führen.

Überlegen Sie, ob die bestehende Struktur Ihrer Seite optimal ist oder ob Verbesserungspotenziale existieren. Sind alle wichtigen Themen in der Hauptnavigation zu finden? Befinden sich alle Unterseiten an der richtigen Stelle? Sind diese vollständig oder fehlen wichtige Inhalte? Von den Unterseiten sollten Sie – da wo es Sinn macht – möglichst viele Verlinkungen auf die Startseite setzen, um diese zu stärken.

3.1.4.1 Klare Trennung zwischen Produkt-, Angebots- und Informationsseiten

Struktur auf eine Seite zu bringen, bedeutet auch, klar zwischen der Intention der Seite und damit ihrer Rangordnung zu unterscheiden. Informationsseiten sollten ebenso wie Angebots- und Verkaufsseiten einen eigenen Bereich bekommen. Das macht allein schon deshalb Sinn, weil Sie auf Informationsseiten hauptsächliche informative Keywords und auf Produktseiten eher transaktionale Keywords unterbringen. Je klarer die Bereiche voneinander getrennt sind, desto besser finden sich sowohl reale Besucher als auch Google-Robots auf Ihren Seiten zurecht.

3.1.4.2 Navigation innerhalb der Seiten

Insbesondere bei Ratgeber- und Informationsseiten ist es aus SEO-Sicht sinnvoll, diese holistisch anzulegen. Holistisch steht für „ganzheitlich" und meint, dass ein Thema auf einer umfangreichen Zielseite erschöpfend behandelt wird, statt viele kleine Unterseiten anzulegen. Dieses Vorgehen führt allerdings auch dazu, dass holistische Seiten sehr lang werden. Schaffen Sie auf diese Seiten zusätzlich Struktur, indem Sie ein Inhaltsverzeichnis anlegen.

3.1.5 Interne Verlinkungen

Die internen Verlinkungen sind eigentlich Teil der Struktur. Da es ein wichtiges Thema ist, werden sie an dieser Stelle separat aufgeführt. Sie dienen einerseits dem Besucher dazu, weiterführende Informationen auf einer Seite zu finden und

machen Ihr Webangebot auch für die Robots durchschaubarer. Überall dort, wo es
inhaltliche Querbezüge gibt, sollten diese durch eine Verlinkung markiert werden.
Seiten mit Prio 1 Keywords sollten möglichst oft von Unterseiten aus verlinkt
werden, um eine entsprechende Relevanz zu bekommen. So werden einerseits die
Besucher auf diese Seiten geführt, auf der anderen Seite aber auch die Robots der
Suchmaschinen. Dadurch entsteht eine Hierarchie im Gesamtsystem, die idealer-
weise auch die Prioritäten Ihrer Keywords widerspiegelt. Auch die Linktexte sind
wichtig. Sie sollten möglichst das Haupt Keyword der Zielseite enthalten.

Interne Verlinkungen organisch anlegen

Insbesondere im Bereich der Verlinkungen gibt es die Tendenz, es zu übertrei-
ben. Verlinken Sie nur dort, wo es auch wirklich Sinn macht. Zu viele Links
können schnell ins Gegenteil überschlagen und für Verwirrung sorgen.◄

3.1.6 Content

Der Content bzw. die Content-Optimierung ist einer der wichtigsten Bereiche
in der Onpage-Optimierung. Die Ansprüche der Suchmaschinen an gute Inhalte
haben sich in den letzten Jahren erheblich verändert. Wo früher noch Texte mit
einer hohen Keyword-Dichte sofort die ersten Plätze eroberten, können heute
noch gehaltvolle und qualitative Texte langfristig bei Google & Co. bestehen.
Daher ist Onpage-Optimierung zu einem großen Teil Content-Optimierung. Nur
Webseiten und Shops mit guten Inhalten können sich langfristig die Chancen auf
gute Platzierungen in der organischen Suche sichern.

3.1.6.1 Googles semantische Suche

Google hat in den vergangenen Jahren den Sprung von einer Such- zu einer
Antwortmaschine gefunden. Die Maschine hat ein semantisches Verständnis entwickelt und weiß im besten Fall, ob jemand auf der Suche nach „Kiwi" eine
Südfrucht oder einen neuseeländischen Vogel angezeigt bekommen möchte. Dank
des Einsatzes von Machine-Learning-Prozessen wird die semantische Interpreta-
tion von Suchanfragen erleichtert. Durch die semantische Einbettung wichtiger
Begriffe leisten die Texte auf der Seite einen wichtigen Beitrag dazu, richtig
indiziert zu werden.

Ein Beispiel

Wer einen Beitrag über die Frucht „Kiwi" schreibt, der sollte Begriffe aus dem Umfeld wie „Vitamine", „Beerenfrucht" oder „Geschmack" verwenden. Ist der Vogel gemeint, dann kommen adäquat Begriffe wie „Vogel", Neuseeland" oder „Bedrohte Tierart" darin vor.

Google kennt das semantische Feld und kann dann passend zur Suchanfrage („Wie schmeckt eine Kiwi" vs. „Wo wohnt der Kiwi") die entsprechenden Seiten ausgeben. Das Hummingbird-Update gilt im Grunde als die Geburtsstunde der semantischen Optimierung. Im Zuge dessen wurde die WDF*IDF-Formel entwickelt, die – kurz gesagt – ermittelte, in welcher Häufigkeit bestimmte Wörter in einem Text vorkommen müssen, damit sie gute Chancen auf den ersten Platz haben. Welche Kriterien heute an gute Inhalte gestellt werden, lesen Sie weiter unten in diesem Kapitel.

3.1.6.2 Was macht einen guten Text aus?

Die Kriterien, die Suchmaschinen an „Gute Texte" stellen, können recht genau eingegrenzt werden. Auch wenn das Geheimnis nie ganz genau gelüftet sein wird, welche Schalter in welche Richtung für Platz 1 gestellt werden müssen, wissen wir heute schon sehr viel darüber. Im Folgenden haben wir Ihnen eine Übersicht über alle relevanten Elemente eines Textes erstellt, der von Google & Co. als „gut" bewertet wird.

1. **Mehrwert**
   Es geht heute nicht mehr darum, Seiten einfach nur zu füllen und mit Keywords zu spicken. Gute Inhalte müssen einen erkennbaren Mehrwert haben. Wie gehaltvoll ein Text wirklich ist, kann die Suchmaschine anhand von verschiedenen Parametern messen. Sie erkennt zum Beispiel, ob das semantische Feld eines Keywords abgedeckt wurde. Ein sehr wichtiger Faktor ist die Verweildauer der Besucher auf Ihren Seiten. Je länger sie bleiben, desto spannender scheint der Inhalt zu sein. Hohe Abbruchraten deuten derweil auf schlechte Inhalte hin.

2. **Keywords**
   Bei der Optimierung eines Textes spielen sowohl die Keywords als auch das semantische Begriffsfeld eine Rolle. Das Hauptkeyword sollte noch immer mehrfach im Text vorkommen – achten Sie aber darauf, dass kein SPAM entsteht. In veralteten Leitfäden finden Sie noch immer Angaben, dass das Hauptkeyword in einer Dichte von 3 % bis 4 % enthalten sein muss. Damit können Sie sich heute oft schon aus dem Index katapultieren, auch wenn

es keine allgemein gültigen Zahlen und Richtlinien gibt. Der Text darf beim Lesen nicht „spammig" wirken. Der wichtigste Suchbegriff des Textes gehört in die Hauptüberschrift, in den ersten Absatz und auch in einige Zwischenüberschriften.

3. **Semantik**
Führen Sie für die Textoptimierung oder auch die Texterstellung eine semantische Analyse durch. Vielleicht nutzen Sie bereits ein Analysetool, indem ein sogenannter „WDF-Editor" enthalten ist. Andernfalls schaffen kostenlose Tools wie zum Beispiel www.wdfidf-tool.com gute Voraussetzungen, die wichtigsten semantischen Begriffe im Text unterzubringen.

4. **Textstruktur**
Ein Text im Internet wird anders gelesen als ein Zeitungs- oder Magazinartikel. Insbesondere für Smartphonenutzer dürfen es nur kurze Absätze sein, die thematisch sinnvoll gegliedert sind. Prüfen Sie Ihre bestehenden Inhalte daraufhin, ob es längere Absätze gibt, die mit kleineren Zwischenüberschriften übersichtlicher gestaltet werden können. Auch Bullet Points und Listen sowie Info-Boxen sind ein wichtiges Gestaltungselement für Ihre Texte. Holistische Seiten brauchen ein Inhaltsverzeichnis.

5. **Fragen**
Wie eingangs erwähnt, entwickelt sich Google immer mehr zu einer Antwort-Maschine. Wer die Suchmaschine nutzt, ist auf der Suche nach einer Antwort. Wie viel kostet ein Gramm Gold? Wo ist das nächste Nagelstudio? Was kann das iPhone? Diese Fragen – passend zu Ihrem Thema – sollten im Text möglichst konkret benannt und beantwortet werden. Bauen Sie also in neue und bestehende Texte möglichst viele Fragen ein, die Ihre Leser zum Thema haben und liefern Sie natürlich auch die passenden Antworten dazu.

6. **Keine Rechtschreibfehler**
Lesen Sie die Texte auf Ihrer Seite immer Korrektur. Google erkennt Rechtschreibfehler und wirft einen sehr kritischen Blick darauf. Professionelle Webseiten und Shops sollten nach Möglichkeit fehlerfrei sein.

7. **Mediale Vielfalt**
Die Möglichkeiten der Content-Gestaltung sind heute vielseitig. Auf keiner Seite und Unterseite sollte ausschließlich Text stehen. Bereichern Sie Inhalte mit Bildern, Videos, Grafiken, Tabellen etc.

8. **Füllwörter und Satzlänge**
Google liebt prägnante Texte ohne Füllwörter mit kurzen Sätzen. Lesen Sie die Texte auf Ihrer Seite also gezielt daraufhin, welche Wörter gestrichen werden können, ob es Wiederholungen oder Schachtelsätze gibt.

9. **Aktive Schreibweise**
Schreiben Sie Texte nach Möglichkeit im Aktiv. Statt „Der Text wird vom Chef geschrieben" sollte es heißen: „Der Chef schreibt den Text." Das bringt mehr Lebendigkeit in die Inhalte und macht sie nahbarer. Achten Sie auch auf eine direkte Ansprache und vermeiden Sie Sätze mit „Man" („Man hat das Gefühl..."). Der Leser sollte immer das Gefühl bekommen, direkt angesprochen zu werden.

Hinweis: Tools für die Textoptimierung

Wenn es Ihnen selbst schwerfällt, Optimierungspotenziale in Texten zu erkennen oder Sie sich zusätzlich absichern wollen, dann können Sie auch ein Tool für die Textoptimierung nutzen. Anwendungen wie seolyze.com oder auch diverse kostenlose Tools liefern gute Ergebnisse, mit denen Sie mit dem Ziel der Onpage-Optimierung arbeiten können.◄

3.1.6.3 Setzen Sie auf Unique Content und vermeiden Sie doppelte Inhalte

Kaum etwas ist so schädlich für ein Webseite oder einen Onlineshop wie doppelter Content, der wiederholt auf anderen Seiten im Netz veröffentlich ist. Insbesondere Shop-Betreiber machen es sich gerne leicht und nutzen die vorgeschriebenen Herstellerbeschreibungen für ihren Webshop. Diese finden sich dann aber oft mehrfach auch in anderen Shops wieder, was im schlimmsten Fall dazu führt, dass Google redundante Seiten abwertet oder sogar aus dem Index entfernt.

Dasselbe gilt für doppelte Inhalte innerhalb Ihrer Webpräsenz. Achten Sie darauf, dass jeder Text nur einmal erscheint und verlinken Sie stattdessen lieber darauf, als ihn an anderer Stelle zu wiederholen. Im Rahmen der Content-Überprüfung sollten Sie darauf achten, dass zu jedem Thema bzw. zu jedem Hauptkeyword nur ein einziger Text existiert. Mit einmaligen Inhalten setzen Sie positive Signale in Bezug auf die Qualität Ihrer Texte. Eine Ausnahme bilden Zitate – richtig gekennzeichnet, werden diese von den Suchmaschinen nicht als Duplicate Content gewertet.

Tipp: Tools für die Duplicate-Content-Überprüfung

Es gibt eine Vielzahl kostenloser Tool, die Duplicate Content auf Ihren Seiten aufspüren. Nutzen Sie zum Beispiel Tools wie https://www.siteliner.com/ oder https://www.seoreviewtools.com/duplicate-content-checker/.◄

Allgemeine Tipps für die Inhaltsgestaltung

- Bereichern Sie Texte mit Beispielen
- Schreiben Sie für die Leser
- Verwenden Sie die Sprache/Sprachebene der Zielgruppe
- Spicken Sie Texte nach Möglichkeit mit Emotionen
- Schreiben Sie Texte aus einer Hand
- Aussagekräftiger Seitentitel (5–7 Wörter)
- Keinen doppelten Content schreiben

3.1.6.4 Erzeugen Sie teilbare Inhalte für den Backlinkaufbau

Der Backlinkaufbau ist nicht Teil der Onpage-Optimierung. Sie können aber mit der Erzeugung von hochwertigen und teilbaren Inhalten eine wichtige Vorarbeit dafür leisten. In der Offpage-Optimierung geht es darum, möglichst viele Links von vertrauenswürdigen Seiten zu sammeln, die auf Ihre Webpräsenz verweisen. Dies gelingt Ihnen aber nur dann, wenn Sie auch Inhalte bereitstellen, die teilenswert sind. Ein paar Ideen und Inspirationen dafür haben wir in der folgenden Übersicht zusammengestellt.

1. **Checklisten**
   Checklisten zu einem gut frequentierten Thema werden gerne verlinkt. Wenn Ihre Themen es also hergeben, sollten Sie nach Möglichkeit vollständige und gut sortierte Checklisten anbieten, die dann wiederum bei Facebook & Co. geteilt oder von anderen Seiten verlinkt werden.
2. **Blog- und Newstexte**
   Einen Blog einzurichten oder diesen im Rahmen der Onpage-Optimierung weiter auszubauen, ist aus verschiedenen Gründen sinnvoll. Einerseits liebt Google Seiten, die regelmäßig um neue, vor allem aktuelle Inhalte erweitert werden. Außerdem erweitern Sie mit jedem Artikel Ihr Keyword-Set und gewinnen auf diesem Weg neue Besucher und Zielgruppen. Der dritte positive Effekt besteht darin, dass gute Blogartikel gerne von anderen Webseitenbetreibern verlinkt werden.

3. **Bilder und Videos**
   Wenn Sie die Möglichkeit haben, eigene Bilder und Videos zu erstellen, dann machen Sie davon Gebrauch. Insbesondere Videos werden sehr gerne von anderen Seiten verlinkt und gewinnen sehr viel Aufmerksamkeit.

4. **Glossarartikel**
   Der klassische Glossarartikel als reines Instrument für die Suchmaschinenoptimierung ist etwas in den Hintergrund getreten. Es gab eine Zeit, in der man zu allen relevanten Themen der eigenen Site einfach einen Glossarartikel anlegte und darauf hoffte, mit dem Artikel dann die vorderen Plätze zu erreichen. Gut geschriebene, gehaltvolle Glossarartikel sind heute vor allem dafür da, verlinkt zu werden.

Die Möglichkeiten, verlinkbare Inhalte auf der eigenen Webseite zu erzeugen, sind groß. Die Liste kann beliebig ergänzt werden um Kurzratgeber, Anleitungen, Best-off-Listen oder Tipps und Tricks. Werden Sie kreativ und überlegen Sie, welche Inhalte auf Ihren Seiten gut und gerne verlinkt werden können.

3.1.7 Leadmagneten anbieten

Die meisten Webseiten werden zu einem bestimmten Zweck betrieben bzw. möchten Conversions oder Leads gewinnen. Dabei stehen unterschiedliche Ziele im Vordergrund. Oftmals wollen Webseitenbetreiber sogenannte Leads, also Kontakte generieren, um darüber dann im zweiten Schritt Umsätze zu generieren. Leadmagneten sind ein sehr gutes und erfolgreiches Instrument im Onlinemarketing, haben aber auch einen wichtigen Einfluss auf die Qualität der eigenen Seite. Immerhin schaffen sie Mehrwert, generieren Besucher und erhöhen die Verweildauer auf der Seite. Damit senden Leadmagneten wiederum positive Signale an die Suchmaschinen, was in aller Regel zu einer Verbesserung im Ranking führt.

Beispiele für Leadmagneten

- eBooks
- Checklisten
- Ratgeber
- Guides
- Whitepapers

3.1.8 Lokale Optimierung

Wenn Sie ein lokal ansässiges Unternehmen führen, dann ist die Optimierung auf die lokale Suche ein wichtiger Bestandteil der Onpage-Optimierung. Sie wollen hauptsächlich von Kunden gefunden werden, die sich in der näheren Umgebung aufhalten oder spontan in der Fußgängerzone nach Ihren Leistungen suchen. Das lokale Ranking kann durch verschiedene Faktoren beeinflusst werden. Einerseits können Sie in Ihren Texten die Namen der Stadt und angrenzender Ortsteile verwenden, um in der lokalen bzw. regionalen Suche nach vorne zu kommen. Auf der anderen Seite können und sollten Sie sich ein GoogleMy-Business-Konto anlegen, und dort Ihre Dienste, Kontaktdaten und Öffnungszeiten veröffentlichen. Dort haben Sie auch die Gelegenheit, regelmäßig News zum Unternehmen zu publizieren.

3.1.9 Barrierefreiheit

Die Barrierefreiheit einer Webseite sollte bereits im Sinne des Sozialgedankens eine Selbstverständlichkeit sein. Es gibt darüber hinaus aber auch eine Schnittmenge zwischen der Barrierefreiheit und der Suchmaschinenoptimierung. Denn je mehr Menschen Ihr Webangebot ohne Einschränkungen nutzen können, desto besser. Barrierefrei ist eine Webseite dann, wenn sie von Menschen mit und ohne psychische oder physische Einschränkungen gleichermaßen genutzt werden kann und auch dieselben Interaktionsmöglichkeiten zur Verfügung stehen. Mögliche Barrieren auf einer Seite vonseiten des Nutzers können zum Beispiel technische Einschränkungen (veralteter Browser), Einschränkungen des Sehens und des Hörens sowie motorische Einschränkungen sein. Wenn Sie Ihre Webseite barrierefrei gestalten wollen, dann sollten Sie sich an die Web Content Accessibility Guidelines (WCAG) halten, die weltweit geltenden Standards des World Wide Web Consortiums (W3C).

Das sollten Sie bei der Gestaltung Ihrer barrierefreien Webseite beachten

- Strikte Trennung von Inhalt, Struktur und Design
- Skalierbarkeit
- Responsivität
- Verwendung der HTML-Grundbegriffe
- Leichte und intuitive Navigation
- Großes Kontrastverhältnis (Keine graue Schrift auf schwarzem Grund)

- Verwendung hochdeutscher Sprache (für die Vorleseprogramme)
- Verwendung kurzer und verständlicher Sätze
- Text- und Bildalternativen hinterlegen (Alt-Tags)

3.2 Technische Faktoren der Onpage-Optimierung

Ihre Webseite besteht nicht nur aus dem sichtbaren Teil, sondern besitzt auch eine technische Basis. Diese Technik bietet enorm viele Potenziale für Verbesserungen, die Sie im Rahmen der Onpage-Optimierung umsetzen können. Der technische Background bezieht vor allem den Quellcode inkl. JavaScript und CSS-Dateien mit ein, sowie auch das Design, die Mobilfreundlichkeit und die Meta-Angaben. Alle Faktoren, die Ihr Ranking beeinflussen, haben wir in den nachfolgenden Kapiteln zusammengefasst.

3.2.1 Meta-Angaben (Title Tags, Descriptions, Alt-Angaben)

Die Meta-Angaben werden als eine Art Seitenbeschreibung im Quellcode der Domain hinterlegt. Dort dienen sie sowohl einer informativen Zusammenfassung für die Google-Robots, werden zum Teil aber auch für die Übersichtsseiten bzw. Ergebnislisten in der Google-Suche übernommen. Aus diesem Grund müssen sie auch einen werblichen Charakter haben, Spannung erzeugen und Argumente für Suchende liefern, warum es sich lohnt, auf dieses Suchergebnis zu klicken. Für die Meta-Angaben sind im Header der Seite drei Bereiche eingerichtet, die Sie im Sinne der Onpage-Optimierung mit kompakten Inhalten füllen sollten. Hinzu kommen die Alt-Tags für die eingebundenen Bilder. Die Meta-Angaben werden für jede Seite extra geschrieben und sollten sich nicht wiederholen. Lesen Sie im Folgenden, worauf Sie bei der Gestaltung dieser Metatexte achten müssen.

3.2.1.1 Title Tag

Im Title Tag wird der Seitentitel eingefügt, der auf 50 bis maximal 70 Zeichen eine Zusammenfassung der URL darstellt. Hier muss auf den Punkt gebracht werden, was Leser auf der aufgerufenen Seite erwartet. Bringen Sie in diesem Titel Argumente unter, warum der Nutzer klicken soll. Außerdem muss auch das wichtigste Keyword der Seite hier untergebracht werden. Platzieren Sie die Argumente möglichst weit vorn, damit die Suchmaschinen ihre Relevanz erkennen. Würde dieses Kapitel als Unterseite auf Ihrer Webseite stehen, könnten Sie zum Beispiel den folgenden Title-Tag vergeben:

„Optimierte Title Tags erstellen für Top-Platzierungen bei Google"

Oft macht es Sinn, in den Title Tag eine Call-to-Action zu integrieren.

„Google-optimierte Title Tags erstellen. Jetzt lesen für Ihr Top-Ranking."

Title Tags müssen für jede Seite und Unterseite vorgenommen werden – mag sie auch noch so kurz sein. Einige Content-Management-Systeme bieten an, diese Tags automatisch zu erzeugen, indem sie zum Beispiel Teile der H1-Überschrift verwenden. Von diesem zweifellos zeitsparenden Service sollten Sie jedoch Abstand nehmen, um wirklich treffende und seo-optimierte Seitentitel zu erstellen. Wir kennen bislang kein Tool, das die händische Arbeit auch nur annähernd ersetzen kann.

Wo wird der Title Tag angezeigt?
Der Title Tag wird oben in der Browserleiste angezeigt und auch als erste Zeile in der Ergebnisliste von Google. Umso wichtiger ist es, dass der Titel nicht nur für die Robots, sondern vor allem für die Menschen geschrieben wird. Er sollte eine Erwartungshaltung aufbauen, die der Text dann später auch erfüllen kann. Ein animierender Seitentitel erzeugt entsprechend hohe Klickraten, was Google wiederum als positiv bewertet. Wenn dann auch noch die Besuchszeiten entsprechend hoch sind, ist dies der Beweis dafür, dass das Versprechen aus dem Seitentitel auch tatsächlich auf der Seite eingehalten wurde.

In der Praxis sehen wir oft, dass der Title Tag nur aus einem Wort besteht, oft dem Keyword der Seite. Das ist keinesfalls ausreichend – weder für die Google-Optimierung noch auf die Ausrichtung auf reale Besucher.

Wichtige Punkte für den Title Tag auf einen Blick

- Kompakte Zusammenfassung des Seiteninhaltes auf 50–70 Zeichen
- Aufgeteilt auf einen Satz oder mehrere Sätze
- Anzeige in den Google Snippets
- Eingebaute Handlungsaufforderung
- Keine Wiederholungen
- Integration des Hauptkeywords

3.2.1.2 Description

Die Description ist die Seitenbeschreibung, die in den Ergebnislisten der Suchmaschine unterhalb des Titels angezeigt wird. Sie haben hier rund 160 Zeichen Platz, eine treffende Beschreibung des nachfolgenden Seiteninhaltes zu erstellen. Zwischenzeitlich wurde dieses Limit im Rahmen eines Experiments von Google auf bis zu 300 Zeichen erhöht, was mittlerweile aber wieder zurückgenommen wurde. Darüber hinaus gelten für das Schreiben der Description aber die gleichen Regeln, die auch für die Gestaltung des Title Tags bereits definiert wurden. Es sollte eine kurze und kompakte Beschreibung dessen liefern, was den Leser auf der Seite erwartet. Sie sollte kluge und nachvollziehbare Argumente liefern, die zu einem Klick animieren und den Mehrwert herausstellen. Im Idealfall platzieren Sie auch hier eine Call-to-action. Der Fokus liegt hier klar auf der CTR.

Auch für die Description gilt: Einzigartigkeit, Kompaktheit, Nutzerorientierung. Sie gibt einen knackigen und vielversprechenden Ausblick auf den Seiteninhalt.

Wäre diese Unterseite eine Homepage, dann könnte die Description wie folgt lauten:

„Die Description steht als Seitenbeschreibung im Quellcode. Sie ist ein wichtiger Faktor der Onpage-Optimierung. Jetzt Schritt-für-Schritt Anleitung lesen."

Übrigens Wenn das Keyword, das der Nutzer bei Google eingegeben hat, auch in der Description auftaucht, wird dieses gefettet dargestellt. Dadurch wird der Eintrag optisch hervorgehoben und besser von den Suchenden wahrgenommen.

Keine leeren Versprechungen machen

Es mag reizvoll erscheinen, die Description so reißerisch zu gestalten, dass es zu vielen Klicks kommt. Hält die Seite dann aber nicht das, was versprochen wurde, dann entstehen neben hohen Klickraten auch hohe Absprungraten, die Ihrer Seite langfristig mehr schaden als nutzen.

Wichtige Punkte für die Description auf einen Blick

- Zusammenfassung des Seiteninhalts auf 160 Zeichen
- Ein Satz oder mehrere Sätze
- Integrierte Handlungsaufforderung
- Blickfang in Form von Häkchen oder Sternchen integrierbar
- Keine leeren Versprechungen

- Möglichst spezifische Informationen
- Integration wichtiger Keywords, aber keine reine Aufzählung
- Kein Duplicate Content

3.2.1.3 Keywords
In vielen Content-Management-Systemen ist neben dem Feld für den Title und die Descriptions auch noch ein drittes Feld für die Keywords hinterlegt. Dies ist noch ein Relikt aus den Anfangszeiten der Suchmaschinenoptimierung, in der die Seitenbetreiber dort nur ihre Wünsche hinterlegen musste, unter welchen Begriffen sie gefunden werden wollten. Google lieferten diese Wörter wiederum einen wichtigen Hinweis auf die Indexierung, da der Algorithmus hier noch in den Kinderschuhen steckte. Heute hat das Feld keinerlei Relevanz mehr für die Optimierung. Sie können es einfach freilassen.

3.2.1.4 Alt-Tags
Das sogenannte Bilder-SEO hat ebenfalls eine wachsende Bedeutung im Rahmen der Onpage-Optimierung. Es betrifft den Bereich der Bilder, die in eine Webseite eingebunden werden. Da Google (noch) keine Augen hat, sondern lediglich Texte und Signale deuten kann, ist es umso wichtiger, die Bilder mit entsprechenden Namen und Attributen zu versehen. Dabei kommt es auf die folgenden Elemente an.

- **Dateiname**
  Schon der Dateiname ist für die Einordnung des Bildes von großer Bedeutung. Statt ein Bild „1726453.jpg" zu nennen, wäre die Bezeichnung „iphone12.jpg" richtiger, wenn auf dem Bild ein solches Smartphone abgebildet ist. Besteht der Bildname aus mehreren Wörtern, sollten diese mit einem Bindestrich, aber nicht mit einem Unterstrich miteinander verbunden werden.
- **Alt-Attribut**
  „Alt" ist die Abkürzung für „Alternative". Dieses Attribut wird dann angezeigt, wenn ein Bild zum Beispiel nicht richtig geladen werden kann. Durch das Einfügen dieses Attributes haben Bildschirmleseprogramme aber auch die Nutzer und die Robots die Möglichkeit, eine entsprechende Bildinformation zu bekommen. Dadurch wird die Seite auch für Blinde und sehbehinderte Menschen zugänglicher. Das Alt-Attribut muss mit einer kompakten und schlüssigen Bildbeschreibung in 3 bis 5 Wörtern versehen werden. Jedes Ihrer Bilder sollte mit einem solchen Alternativtext versehen werden.

• **Beschreibung**
Zum Bild können Sie auch noch eine Beschreibung hinzufügen. Diese erscheint im sichtbaren Bereich der Seite unterhalb des Bildes, besitzt aber nicht dieselbe SEO-Relevanz wie der Dateiname und das Alt-Attribut. Sie haben hier einfach die Möglichkeit, für den Betrachter eine zusätzliche Erklärung hinzuzufügen und damit den Informationsgehalt des Bildes zu erhöhen.

3.2.2 Strukturelle Daten

Wenn Sie die Anleitung zur Onpage-Optimierung bis hierhin aufmerksam gelesen haben, dann wissen Sie, wie wichtig für Google die Struktur einer Seite ist. Dies betrifft nicht nur den sichtbaren Bereich, sondern auch den Quellcode. Mithilfe von sogenannten Mikrodaten haben Sie die Möglichkeit, die Standardauszeichnungen Ihrer Webseite um zusätzliche Bausteine zu erweitern.

Sie können in den Webseitenauszug in den Ergebnislisten der Suchmaschinen zum Beispiel Bewertungssysteme in Form von Sternchen, zusätzliche Firmeninformationen, Preisangaben oder auch Verlinkungen hinzufügen. Die Informationen dazu werden im Quellcode hinterlegt und später in den Suchergebnissen angezeigt. Besucher bekommen dadurch einen noch besseren Überblick, ob das Suchergebnis für ihre Anfrage relevant ist. Durch diesen Mehrwert erhöht sich die CTR (Click Through Rate).

Zu den in den Microdaten bereitgestellten Informationen gehören vor allem die Folgenden:

• Adresse
• Lokaler Raum
• Kontaktdaten
• Angebotene Dienstleistungen
• Bewertungen
• Gründer
• Logo

Wie integriere ich Microdaten in meinen Quellcode?
Es erfordert etwas technisches Verständnis und Geschick, strukturierte Daten im Quellcode zu hinterlegen. Sie können entsprechend schema.org ausgezeichnet werden – einem Zusammenschluss von Google, Yahoo und Bing. Das Ziel war es,

einen einheitlichen Standard für die Programmierung von Rich Snippets festzulegen, damit Suchmaschinen allgemein den Code noch besser lesen können. Sollten
Sie nicht eigenständig in Ihrem Quellcode herumschreiben wollen, können Sie auch
den Data Highlighter in der Search Console verwenden.

3.2.3 Mobile Webseiten und Responsive Design

Diverse Studien belegen, dass ein Großteil der Webseiten und Shops heute über
mobile Endgeräte wie Smartphones und Tablets abgerufen wird. Darauf muss
auch die Webseite optimiert sein. In erster Linie bedeutet das, der Bildschirm
muss auf die verschiedenen Bildschirmformate skalierbar sein und sich automatisch an die Bildschirmgröße des Endgerätes anpassen. Auch die Ladezeiten
müssen so gestaltet sein, dass der Nutzer nicht minutenlang auf den Seitenaufbau
wartet. Darüber hinaus gilt es auch, im Bereich der Nutzerfreundlichkeit auf die
„Mobile Usability" zu achten. Prüfen Sie anhand der hier aufgelisteten Faktoren, wie es um die Mobilfreundlichkeit Ihrer Seite bestellt ist, und nehmen Sie
gegebenenfalls entsprechende Anpassungen vor.

1. **Content an Nutzungsgewohnheiten anpassen**
   Wer mobil nach etwas sucht, sucht anders als am Schreibtisch vor dem großen
   Bildschirm mit einem Kaffee in der Hand. Wer zum Beispiel schnell mal ein
   Bahnticket kaufen möchte, der möchte sich nicht zunächst über die Geschichte
   der Eisenbahn informieren. Prüfen Sie Ihren Content also daraufhin, ob er für
   die mobile Zielgruppe tatsächlich relevant ist.
2. **Geben Sie Ihren Inhalten Struktur**
   An die Struktur mobiler Webseiten werden noch strengere Regeln als an die
   Desktop-Varianten gestellt. Denken Sie an die verringerte Bildschirmgröße.
   Es dürfen nur kleine Absätze sein, die kompakte Informationen liefern. In der
   Regel wird mobil nicht einfach gestöbert, sondern konkret gesucht. Stellen Sie
   die Informationen also möglichst prominent und ohne Umwege zur Verfügung.
   Für die Onpage-Optimierung bedeutet das: Kürzen Sie Ihre Inhalte auf das
   Nötigste.
3. **Kurze Ladezeiten**
   Den Ladezeiten widmen wir später noch einmal einen eigenen Abschnitt.
   Trotzdem sei das Thema an dieser Stelle bereits erwähnt, weil kurze Lade-
   zeiten in der mobilen Suche essenziell sind. Jede Sekunde führt zu weiteren

Absprüngen, was die Conversion Rate schmälert und Sie am Ende auch wertvolle Punkte im SEO-Ranking kostet. Über die Search Console werden Ihnen mögliche Probleme mit Ladezeiten zuverlässig angezeigt.

4. **Optimale Schriftgröße wählen**
Die Schriftgröße muss für mobile Endgeräte so gewählt sein, dass sie optimal lesbar ist, gleichzeitig aber nicht ein einzelner Satz den kompletten Bildschirm einnimmt. Auch wenn Sie Zoom-Möglichkeiten zur Verfügung stellen: Ein Heranzoomen ist oft umständlich und lästig und wird von Nutzern nicht gerne angekommen. Besser: Den Darstellungsbereich so konfigurieren, dass die Schriftgrößen auf dem Handy und dem Tablet automatisch angepasst werden.

5. **Platz schaffen zum Anklicken der Links**
Wenn auf einer mobilen Seite ein weiterführendes Angebot verlinkt wird, dann achten Sie darauf, dass genug Platz zum Anklicken vorhanden ist. Auch die Navigationselemente sollten weit genug auseinanderliegen, damit gezielt ein Element angesteuert werden kann. Zu dicht beieinanderliegende Elemente moniert Google sehr streng als Meldung in der Search Console.

Ist meine Webseite moboptimiert?
Das können Sie ganz einfach nachprüfen. Google stellt dafür in der Search Console einen Check bereit, mit dem Sie jede URL auf Ihrer Seite auf ihre Moboptimierung prüfen können. Gibt es Probleme, dann erscheint ein entsprechender Warnhinweis.

Das Mobile-Friendly-Update von Google
Im April 2015 erklärte der Suchmaschinenriese Google die Mobilfreundlichkeit offiziell zu einem Rankingkriterium. Webseiten, die noch nicht auf mobile Endgeräte optimiert waren, spürten plötzlich deutliche Rankingverluste, was diesem Update auch den Beinamen „Mobilegeddon" einbrachte. 2018 erklärte Google den mobilen Index sogar zum Hauptindex; darüber wurden Seitenbetreiber nach und nach in der Search Console informiert. Der Mobile-first-Index gibt seither Webseiten mit einer mobilen Version im Ranking den Vorzug. Zwar besteht der Desktop-Index parallel weiter, wird aber immer mehr an Bedeutung verlieren.

3.2.4 Ladezeiten und Pagespeed

Die Ladezeiten einer Webseite sind ein entscheidender Rankingfaktor. Nutzer möchten auf der Suche nach Informationen schnelle Ergebnisse bekommen und neigen zu schnellen Abbrüchen, wenn ein gewisser Ladezeitpunkt überschritten ist. Doch was bedeutet eigentlich „schnell" aus der Sicht der Suchmaschinen und wie kann der sogenannte Pagespeed positiv beeinflusst werden?

Warum sind die Ladezeiten bei der Onpage-Optimierung so wichtig?
Oberste Priorität bei Google haben die positiven Erfahrungen der Nutzer. Lange Wartezeiten führen zu hohen Absprungraten, was wiederum für die Suchmaschinen ein negatives Zeichen ist und langfristig zur Abwertung der Seite führt. Eine schnelle Auslieferung der Daten führt wiederum zu einer hohen Benutzerfreundlichkeit und damit auch zu Pluspunkten im Ranking. Auch die Google Robots haben nur begrenzte Kapazitäten – daher werden langsame Seiten seltener gecrawlt als schnelle Seiten. Eine hohe Crawling-Frequenz sollte das Ziel jedes Seitenbetreibers sein, damit neue Inhalte möglichst schnell indiziert und gefunden werden.

Wie schnell muss eine Seite sein?
In der Search Console von Google werden bereits Ladezeiten von 3 s als kritisch eingestuft. Als durchschnittliche Ladezeit gilt eine Dauer unter 3 und über 1,5 s. Was darunter liegt, kann als optimal gelten. Im Juli 2018 rollte Google das Page Speed Update aus. Über das Page Speed Insights Tool können Seitenbetreiber ihre Ladezeiten seitdem in Punkten überprüfen. Der Google Mitarbeiter Gary Illyes konkretisierte zu diesem Zeitpunkt, dass eine Punktzahl von 85/100 absolut ausreichend ist, um als schnelle Webseite eingestuft zu werden. Wie schnell Ihre Webseite ist, können Sie in den Core Web Vitals in Ihrer Search Console nachlesen.

Ladezeiten der eigenen Webseite verbessern
Um die Ladezeiten im Rahmen der Onpage-Optimierung zu verbessern, ist einiges technisches Verständnis nötig. Sollten Sie nicht selbst an Ihrem Programmiercode arbeiten wollen oder können, dann holen Sie sich die Hilfe eines Programmierers und bitten Sie ihn um die Abarbeitung der folgenden Punkte.

- **Verringerung HTTP-Requests**
  Jede Webseite kann schneller gemacht werden, wenn weniger HTTP-Requests durchgeführt werden müssen. Um dies zu erreichen, sollten externe Quellen verringert werden. Dazu gehören hauptsächlich die Skripte, Stylesheets und Bilder, die bei einem Seitenaufruf geladen werden müssen.
- **Verwendung von CSS-Stylesheets**
  Es spart sehr viel Kapazitäten, wenn Sie alle vorhandenen CSS-Files als ein Stylesheet zusammenfassen.

- **Auslagerung von JavaScript-Dateien**
  JavaScript-Dokumente innerhalb eines Quellcodes verlangsamen eine Seite. Sie sollten daher möglichst ausgelagert werden.

- **Optimierung der Bilder**
  Es ist eine Gratwanderung: Einerseits möchte Google ein gutes Text-Bild-Verhältnis auf Webseiten sehen, auf der anderen Seite verlangsamen Bilder die Ladezeiten. Daher sollten Sie genau prüfen, wie viele Bilder Sie in welcher Größe verwenden. Viele Speicherdienste bieten mittlerweile die Funktion „Speichern fürs Web" an. Nutzen Sie diese Funktion da, wo es möglich ist. Nur in wenigen Fällen ist es nötig, großformatige Bilder mit mehreren MB einzubinden. In der Regel reichen kleinere Vorschaubilder mit wenigen KB.

- **Reduktion von 301-Weiterleitungen**
  301-Weiterleitungen werden eingerichtet, wenn eine Unterseite gelöscht wurde, aber weiterhin im Index erscheint. Damit der Nutzer nicht auf einer leeren Seite landet, wird er automatisch entweder auf die Startseite der Domain oder auf eine ähnliche Unterseite weitergeleitet. Das kostet aber Zeit. Daher sollten Sie mit 301-Weiterleitungen generell sparsam sein und statt neuer Seiten anzulegen, lieber ältere Seiten überarbeiten.

- **Hosting überprüfen**
  Viele Webseitenbetreiber machen die Suche nach einem passenden Hoster vom Preis abhängig. Allerdings haben günstige Anbieter häufig auch schlechtere Leistungen. Dies macht sich insbesondere dadurch bemerkbar, dass die Server-Antwortzeiten verhältnismäßig lang sind, was wiederum zu langen Ladezeiten führt. Es lohnt sich, in Sachen Pagespeed auf einen leistungsstarken Tarif zu setzen und zur Not den Umzug zu einem anderen Hoster in Betracht zu ziehen. Bei größeren Projekten lohnt es sich manchmal sogar, einen eigenen kleinen Server im Technikraum aufzustellen. Auch einen CDN-Anbieter sollten Sie in Betracht ziehen, wenn Sie sehr viele externe Skripte, Grafiken und andere Elemente auf Ihrer Seite haben.
  Hinweis: In Anbetracht des Datenschutzes, der stetig an Bedeutung zunimmt, raten wir Ihnen zu einem europäischen Anbieter.

- **PHP-Versionen**
  Sie sollten nach Möglichkeit immer die aktuelle PHP-Version nutzen, da diese einen entscheidenden Performance-Vorteil bringen kann.

- **Plugins**
  Es stehen insbesondere für Webseiten auf WordPress eine Reihe Plugins zur Verfügung, die Ihnen bei der Optimierung der Ladezeiten helfen. Diese können auch schon von Laien eingesetzt werden. In Sachen Plugins sollten Sie regelmäßig überprüfen, welche Sie tatsächlich noch aktiv nutzen und welche davon nur unnötig Platz wegnehmen.

- **Datenbank aufräumen**
  Die Datenbank einer Webseite kann über die Jahre regelrecht zu einer Art Müll-
  deponie für alte Daten werden. Das wiederum verringert die Performance der
  Datenbank und wirkt sich negativ auf die Ladezeiten aus. Wer nicht selbst in der
  Datenbank arbeiten möchte, kann auch hier wieder ein Plugin nutzen. Achtung:
  Vorher immer ein Backup erstellen, falls mal etwas schiefgeht.

Führen Sie vor- und nach der Optimierung entsprechende Messungen der Ladezeit
durch, um einen Eindruck davon zu bekommen, ob es sich gelohnt hat. Neben dem
Tool in der Search Console gibt es im Internet noch eine Reihe kostenloser Tools,
die Ihnen zuverlässige Daten liefern.

3.2.5 Crawling- und Indexierungsmanagement

Nicht jede Seite und Unterseite innerhalb eines Webauftrittes hat dieselbe Relevanz. Daher ist es im Sinne der Onpage-Optimierung sinnvoll, sie mittels
„Indexmanagement" zu priorisieren. Die wichtigsten Seiten sind diejenigen, den
den Besuchern den größten Nutzen bringen und Ihre wichtigsten Keywords enthalten. Mithilfe dieses Indexmanagements können Sie Google anzeigen, welche
Seiten aus Ihrer Sicht am relevantesten sind und daher vorgezogen werden sollen.

Indexmanagement über die robots.txt einrichten
Über die robots.txt wird das Crawling der wichtigsten Suchmaschinen gesteu-
ert. Darin sind Regeln festgehalten, an die sich die meisten Suchmaschinen auch
halten. Sie können darin zum Beispiel auch bestimmte Seiten festlegen, die aus
unterschiedlichen Gründen von der Indexierung ausgeschlossen werden sollen wie
zum Beispiel Log-Files oder E-Mail-Adressen. Auch Seiten mit wenig Inhalten,
das Impressum oder die Datenschutzerklärung sind in den meisten Fällen nicht
suchmaschinenrelevant.

Über die Search Console, die Server Logfiles oder das kostenpflichtige Tool
Screaming Frog können Sie selbst überprüfen, wie gut sich Ihre Seite crawlen lässt
und gegebenenfalls Anpassungen daran vornehmen. Die Indexierung sollten Sie
im Idealfall immer schon zu Beginn jedes Webseitenprojektes im Blick haben, um
bestimmte Seiten zu stärken und sich damit ein stabiles Ranking nach Relevanz der
Seiten aufzubauen.

3.2.6 Die XML-Sitemap

Die Sitemap können Sie sich wie eine Art Landkarte Ihrer Webseite vorstellen. Darin ist die Struktur Ihrer Seite mit allen Haupt- und Unterseiten abgebildet. Eine solche Sitemap auf der eigenen Seite zu haben ist allein deshalb wichtig, damit Google alle Inhalte zuverlässig in den Index aufnehmen kann. Die Sitemap sollte im XML-Format eingebunden werden, das zusätzliche Metadaten über jede URL enthält mit Informationen zur letzten Aktualisierung, zu Änderungshäufigkeiten und mit welcher Priorität Änderungen abgearbeitet werden können. Die XML-Sitemap wird in den meisten Fällen als eigenständige Datei direkt im Root einer Domain mit dem Namen sitemap.xml eingereicht. Über die Search Console oder die robots.txt kann der Suchmaschine mitgeteilt werden, wo sich die XML-Sitemap befindet.

Diese Vorteile hat eine XML-Sitemap für die Onpage-Optimierung
Sollten Sie noch keine Sitemap besitzen, dann sollten Sie sich noch einmal über die Vorteile informieren und warum es sich lohnt, ein bisschen Arbeit in die Erstellung dieses Dokuments zu stecken.

• Schnellere und bessere Indexierung von neuen Seiten
• Besseres Crawling von umfangreichen und komplexen Seiten
• Effektive Nutzung des Crawling-Budgets von Google
• Änderungen und Aktualisierungen werden schneller erfasst
• Vermeidung von Endlosschleifen

Hinweis: Über ein modernes CMS werden die XML-Sitemaps meistens schon automatisch generiert. Eventuell muss noch eine Extension installiert werden, was aber ebenfalls mit einem vergleichsweise geringen Aufwand für einen hohen Nutzen verbunden ist.

3.2.7 Statuscodes

Als Statuscode bezeichnet man die Antworten eines Servers auf die Anfrage eines Internetbrowsers. Sie geben an, wie gut und schnell die Seiten erreichbar sind. Die Elemente sollten im Optimalfall den Code 200 besitzen, denn dann werden die angeforderten Daten wie gewünscht an den Browser übermittelt. Seiten mit

diesem Code werden optimal gecrawlt, gecached und indexiert. Auch ein Statuscode 301, bei dem nicht mehr existierende Seiten auf andere Seiten weitergeleitet
wurden. Suboptimal sind dagegen 404-Fehlercodes, bei denen aufgerufene Seiten schlichtweg nicht gefunden wurden – für diese Seiten sollten Sie immer ein
301-Redirect einrichten.

3.2.8 HTTPS-Verschlüsselung

Die HTTPS-Verschlüsselung einer Webseite ist ebenfalls ein Rankingfaktor bei
Google, denn die Suchmaschine legt größten Wert auf Sicherheit. HTTPS ist die
Verschlüsselung der Verbindung zu einer Webseite, wie es zum Beispiel bereits
aus dem Online-Banking bekannt ist. Um eine solche Verschlüsselung einzurichten, ist ein Zertifikat nötig. Die Webseite wird mit einem solchen Zertifikat
sicherer und ist über https erreichbar – heute ein unverzichtbarer Bestandteil einer
modernen und sicheren Webseite.

3.2.9 Canonical Tags/Doppelte Inhalte

Es kommt aus verschiedenen Gründen vor, dass sich doppelte Inhalte innerhalb
Ihrer Webpräsenz wiederfinden. Nach Möglichkeit sollten Sie diesen doppelten
Content zusammenfassen, sodass sich auf jeder Seite nur Unique Content wieder-
findet. Ist eine solche Zusammenfassung nicht möglich oder sinnvoll, dann sollten
Sie doppelte Inhalte mit den sogenannten Canonical Tags ausweisen, um das
Problem des Duplicate Content zu vermeiden. Canonical URLs sind einzigartige
URLs, die sich nicht verändern. Auch wenn eine Seite unter mehreren URLs auf-
rufbar ist, zeigt die Canonical URL immer nur auf die eine Seite. Ähnlich verhält
es sich mit den Parametern. Diese werden nicht in der Canonical URL wiederge-
geben, wodurch die Webseite zwar über einen Browser mit mehreren Parametern
aufgerufen werden kann, allerdings ignoriert Google die im Browser verwen-
dete und angezeigte URL und greift nur auf die Canonical URL zu. Auf diese
Weise können Duplicate-Content-Probleme mit Parametern eingedämmt werden.
Die Canonical URL wird im Head-Bereich der Seite im Quellcode platziert.

Blockieren des Crawler-Zugriffs auf duplizierte Inhalte
Eine Möglichkeit, doppelte Inhalte vor dem Auslesen zu schützen, ist auch deren
Ausschluss über die robots.txt-Datei. Das Blockieren des Crawler-Zugriffs wird
jedoch auch von Google selbst nicht empfohlen. Wenn ein Crawling der Seiten mit

doppelten Inhalten vom Webseitenbetreiber ausgeschlossen wird, dann behandeln die Robots diese Seiten als eigenständige und separate Seiten. Aus diesem Grund wird die zuvor beschriebene Methode der Canonical URLs beschrieben.

3.2.10 Exkurs: Cloaking als Verstoß gegen die Suchmaschinen-Richtlinien

Noch immer wird Cloaking als Maßnahme für die Onpage-Optimierung eingesetzt. Dabei handelt es sich um eine technisch eingerichtete Methode, bei der den Crawlern der Suchmaschinen andere Inhalte angezeigt werden als den realen, menschlichen Besuchern. Besucher lesen damit sinnvolle Texte, während Google nur keywordoptimierte Texte ausgeliefert werden. Man verspricht sich davon, durch gute Texte für Besucher mehr Conversions zu generieren und durch Keywordtexte bessere Positionen in den Suchmaschinen zu erlangen. Es gibt verschiedene technische Möglichkeiten der Umsetzung, auf die wir hier aber gar nicht näher eingehen wollen, da diese über kurz oder lang höchstwahrscheinlich zu einer Abstrafung von Google und einem Ausschluss aus dem Index führen. Wir raten daher dringend von dieser Maßnahme ab.

3.3 Conversion- und Usability-Check

Die gesamte Onpage-Optimierung zielt in erster Linie darauf, die Usability und damit den Komfort für Seitenbetreiber zu erhöhen. Das Ziel: Mehr Besucher zu gewinnen, bessere Conversions zu erzielen und am Ende auch die Positionierung in den Suchmaschinen zu steigern. Die Ursachen für ausbleibenden Traffic können sehr vielseitig sein. Nachdem Sie die inhaltlich-strukturellen und technischen Faktoren analysiert und optimiert haben, sollte nun ein Conversion- und Usability-Check stattfinden, um zu prüfen, wie userfreundlich Ihre Seite tatsächlich ist oder ob bislang unerkannte Barrieren die Nutzerfreundlichkeit beeinträchtigen. Durch eine solche Überprüfung finden Sie auch heraus, warum Besucher eine Conversion plötzlich abbrechen und warum sich das Interesse an einem Produkt oder einer Dienstleistung nicht in einen Kauf verwandelt.

3.3.1 Verschiedene Conversion-Ziele auf einer Webseite

Je nach Branche und Webseite sind verschiedene Conversion-Ziele denkbar. Die häufigsten Ziele sind in der folgenden Übersicht zusammengefasst:

- Registrierung eines Kundenkontos
- Eintragung in einen Newsletter
- Kontaktaufnahme
- Kauf eines Produktes/Buchung einer Dienstleistung
- Anforderung eines Angebotes

Das Ziel der Webseite ist es, diese Conversion-Absicht zu erreichen und aus Interessenten Kunden zu machen. Damit dies gelingt, müssen aber einige wichtige Usability-Faktoren erfüllt werden. Nur wenn der Besucher sich auf Ihrer Seite wohlfühlt und schnell das findet, was er sucht, dann wird er auch zum Kunden bzw. tätigt die gewünschte Conversion. Im nächsten Kapitel finden Sie eine Auflistung der häufigsten Gründe, warum die ersehnte Conversion auf Ihrer Webseite ausbleibt.

3.3.2 Gründe für ausbleibende Conversions

Es gibt zahlreiche Möglichkeiten, Traffic auf die eigene Seite zu bringen. Sie lesen dieses Buch zur Onpage-Optimierung, weil Sie Ihre Seiten fit machen wollen für gute organische Rankings, die wiederum dafür sorgen, dass viele Nutzer Sie finden. Darüber hinaus können Sie auch mit bezahlten Werbekampagnen für Ihre Seite gewinnen. Ein Besucher allein bringt Ihnen aber noch keinen Umsatz. Er muss auch davon überzeugt werden, einen Kaufprozess abzuschließen, sich anzumelden oder Kontakt aufzunehmen. Diesem Ziel stehen in der Praxis häufig große Hürden im Weg, die von Webseitenbetreibern meistens gar nicht als solche erkannt werden. Es entsteht ein Tunnelblick, der sprichwörtlich blind macht für die Nöte seiner Seitenbesucher. Nehmen Sie sich also die nachfolgende Liste vor und prüfen Sie, ob auch Ihre Seite von den genannten Conversion-Killern befallen ist.

Zu wenig Traffic
Ein wesentlicher Grund für ausbleibende Konversionen sind schlichtweg zu wenig Besucher. Ihre Seite erzielt noch nicht die gewünschten Rankings, um gut gefunden zu werden. Die Conversion-Ziele können Sie nur dann erreichen, wenn dafür auch

genügend Traffic auf Ihren Seiten ist. Gehen Sie dazu alle Kapitel zur Onpage-Optimierung durch und leiten Sie entsprechende Maßnahmen ein. Zusätzlich können Sie weitere Besucher über Werbekampagnen auf die Seite bringen.

Die Webseite verfehlt die Zielgruppe

Ein Zeichen dafür, dass die Webseite nicht optimal auf die Zielgruppe abgestimmt ist, ist eine hohe Bounce Rate (Absprungrate). Ihre Seite wird zwar gefunden, doch von den „falschen" Besuchern. Bereits durch eine falsche Ansprache („Du" vs. „Sie") kann es passieren, dass sich die Besucher nicht abgeholt fühlen und die Seite sofort wieder verlassen. Prüfen Sie daher genau, welche Ansprache in der Branche üblich ist und womit sich Ihre potenziellen Kunden wohlfühlen. Auch die Verwendung von Fachbegriffen, die für Laien unverständlich ist, wirkt abschreckend.

Zu komplizierte Struktur

Ein Hauptgrund für ausbleibende Conversions ist eine zu komplizierte Seitenstruktur. Insbesondere dann, wenn Sie sehr viele Inhalte unterbringen müssen, kommt es auf eine intuitive Nutzerführung an. Sie als Betreiber wissen, wo etwas zu finden ist. Aber kommt ein neuer Kunde, der zum ersten Mal auf Ihrer Seite ist, auch dorthin?

Unklare CTAs

Menschen brauchen konkrete Handlungsaufforderungen. Was sollen sie tun, um zum gewünschten Ziel zu kommen? Wird ein Anruf, das Ausfüllen des Kontaktformulars oder der Like des Facebook-Profils erwartet? Oftmals fehlen klare Call-to-Actions, was wiederum zum Conversion-Killer werden kann.

Falsche Versprechungen

Ein sehr häufiger Fehler besteht darin, dass falsche Meta-Daten hinterlegt werden oder in Ads-Anzeigen falsche Versprechungen gemacht werden.

Ein Beispiel

Um möglichst viele Klicks für die eigene Seite zu generieren, wird in der Description bzw. im Titel versprochen: „Designerkleider ab 20,00 €". Auf der Seite selbst kostet das günstigste Kleid aber 100,00 €. Der Nutzer ist enttäuscht und bricht den Seitenbesuch ab.

Daher sollten Sie generell immer ehrlich mit Ihren Besuchern sein, wenn Sie keine hohen Abbruchraten riskieren wollen.

3.3.3 Conversion- und Usability-Optimierung

Wenn Sie die häufigsten Fehlerquellen überprüft haben, dann geht es jetzt weiter mit der Optimierung der Conversions und der Usability. Dafür finden Sie im Folgenden eine Checkliste in Form von Fragen vor, die Sie nach und nach beantworten und gegebenenfalls bearbeiten können.

3.3.3.1 Ist auf den ersten Blick erkennbar, worum es geht?

Wenn Sie ein Ladengeschäft betreten, dann wollen Sie auf den ersten Blick erkennen können, ob das gewünschte Produkt Teil des Sortiments sein könnte. Sie verschaffen sich schon am Eingang einen Überblick über die Regale und bekommen ein Gefühl dafür, was hier verkauft wird. In einem Klamottenladen werden Sie keine Bohrmaschine finden, in einem veganen Bio-Markt kein Schweinefleisch. Auch Ihre Webseite muss innerhalb der ersten 5 s klar erkennbar machen, worum es geht. Dies erreichen Sie in erster Linie mit aussagekräftigen Bildern und einer korrekten Bezeichnung der Reiter.

3.3.3.2 Ist das Webdesign zeitgemäß?

Internetnutzer sind verwöhnt. Sie erwarten von einer Homepage oder einem Shop gewisse Standards, was zum Beispiel das moderne Seitendesign betrifft. Es gibt keine zweite Chance für den ersten Eindruck. Wirkt die Seite altmodisch und rückständig, dann besteht keine große Chance, dass die Besucher ein weiterführendes Interesse an den Inhalten entwickeln.

3.3.3.3 Gibt es eine intuitive Seitenstruktur?

Wie bereits im Abschnitt zu den häufigsten Conversion-Sünden erklärt, braucht eine Webseite eine intuitive Struktur, in der sich auch neue Besucher schnell zurechtfinden können. Das bedeutet konkret für die Onpage-Optimierung: Überprüfen Sie, ob Unterseiten korrekt den Hauptseiten zugeordnet sind und die Sitemap schlüssig ist. Zudem darf jede Unterseite nur maximal zwei Klicks von der Hauptseite entfernt sein. Sind die Navigationselemente korrekt beschrieben worden und Links so gestaltet, dass jeder weiß, wohin sie führen?

3.3.3.4 Haben Sie eine Suchfunktion auf der Seite?

Manchmal sind es die Kleinigkeiten, die einen entscheidenden Unterschied machen. Auch wenn Sie aus Ihrer Sicht eine intuitive und durchdachte Seitenstruktur geschaffen haben, kann es passieren, dass ein Besucher nicht das findet, was er gesucht hat. Einige Nutzer kommen auch mit einem konkreten Ziel auf eine Seite und möchten direkt dorthin gelangen. Stellen Sie für diese Fälle immer eine Suchfunktion zur Verfügung.

3.3.3.5 Existieren einladende Call-to-actions?

Die Hemmschwelle zur Conversion wird erheblich gesenkt, indem Sie einladende Kontakt- und Interaktionsmöglichkeiten schaffen. Fordern Sie die Besucher an den richtigen Stellen direkt dazu auf, eine bestimmte Handlung auszuführen. Werden Sie dabei möglichst konkret und nennen Sie Ansprechpartner, gewünschte Kontaktart und die Zeiten der Erreichbarkeit.

Haben Sie Interesse daran, dass Ihre Webseite die besten Chancen für Platz 1 hat? Dann rufen Sie jetzt an unter 0123/456789. Herr Optimierer ist Ihr Ansprechpartner und von Montag bis Freitag zwischen 8:00 Uhr und 19:00 Uhr für Sie erreichbar.

3.3.3.6 Erheben die Formulare nur wichtige Daten?

Zu den häufigsten Usability- und Conversion-Killern gehören überfrachtete Formulare, in denen der Besucher neben seinem Namen und seiner Adresse auch noch die Schuhgröße der Großmutter angeben muss. Sammeln Sie Daten an anderer Stelle und halten Sie die Kontaktformulare und die Wege zur Conversion so schlank wie möglich.

3.3.3.7 Kennen Sie die Ausstiegsseiten?

Über Google Analytics können Sie herausfinden, an welchen Stellen die Besucher die Nutzung Ihrer Webseite abbrechen. Sehen Sie sich diese Seiten an, betrachten Sie sie aus den Augen Ihrer Nutzer und nehmen Sie die nötigen Optimierungen vor.

3.3.3.8 Haben Sie Ihre Webseite schonmal aus der Perspektive der Kunden angesehen?

Oftmals wird man als Seitenbetreiber „betriebsblind" und setzt Wissen voraus, das die potenziellen Kunden gar nicht haben. Versuchen Sie sich daher in Ihre Kunden hineinzuversetzen und Ihre Seite aus deren Augen zu bewerten. Verwenden Sie Fachbegriffe, die Laien gar nicht verstehen können? Wenn möglich, beauftragen Sie jemand anderes damit, Ihre Webseite anzusehen und zu kennzeichnen, an welcher Stelle Texte unverständlich sind und Expertenwissen voraussetzen.

3.3.3.9 Weckt Ihre Webseite Vertrauen?

Wenn ein Kunde in ein Formular auf Ihrer Webseite seine persönlichen Daten oder sogar seine Kreditkartennummer eingibt, muss er Vertrauen haben. Dieses

Vertrauen Ihrer Kunden gewinnen Sie einerseits durch eine gut optimierte Seite, die an die Nutzerbedürfnisse angepasst ist und andererseits durch Zertifikate und Bewertungen. Da, wo es möglich ist, sollte zum Beispiel ein Trust-Siegel integriert sein. Bringen Sie authentische Nutzerbewertungen auf Ihre Seite, die neuen Kunden das nötige Vertrauen vermitteln können.

3.3.3.10 Wissen Ihre Besucher, wer Sie sind?

Potenzielle Kunden möchten wissen, mit wem Sie es zu tun haben und wer eigentlich hinter dem Webangebot steht. Daher sollten Sie möglichst transparent zeigen, wer der Anbieter ist und welche Expertise er/sie mitbringt. Sehr hohe Klickraten generieren die „Über uns"-Seiten, in denen Sie so viele Informationen wie möglich über sich, ihre Fachkompetenz, ihre Firmenphilosophie unterbringen sollten. Dieser Platz ist der Ort, an dem Sie für Ihre Besucher Argumente liefern können, warum Sie der richtige Partner für Ihr Anliegen sind. Zeigen Sie hier einen authentischen Blick hinter die Kulissen.

3.3.3.11 Befinden sich Broken Links auf Ihrer Seite?

Ein häufiges Usability-Problem besteht darin, dass interne Verlinkungen auf leere Seiten führen. Stellen Sie sich vor, dass ein Kunde von einem Angebot überzeugt ist und Kontakt mit Ihnen aufnehmen möchte. Leider führt der Link zur Kontaktseite aber ins Leere. Die Conversion ist dann verloren. Um Broken Links auf der eigenen Seite aufzuspüren, können Sie einerseits die Meldungen in Ihrer Search Console nachverfolgen. Darüber hinaus stehen Ihnen eine Reihe von kostenlosen Tools zur Verfügung wie zum Beispiel der deadlinkchecker.com oder drlinkcheck.com.

3.3.3.12 Werden externe Verlinkungen in einem neuen Browserfenster geöffnet?

Es ist eine kleine Einstellungsvariante, die aber hinsichtlich der Conversion eine große Bedeutung bekommen kann. Wenn Sie externe Links in Ihre Texte einbauen, dann können Sie wählen, ob diese im gleichen oder in einem eigenen Browserfenster geöffnet werden. Wenn die Links im gleichen Fenster geöffnet werden, führt das dazu, dass Ihre Besucher zur verlinkten Seite geführt werden und Ihre eigene Webseite mit der neuen URL überschrieben wird. Die Besucher sind weg und finden im Zweifel nicht mehr zu Ihnen zurück. Daher sollten externe Links immer in einem separaten Browserfenster geöffnet werden.

Onpage-Optimierung als laufender Prozess

4

Die schlechte Nachricht vorweg: Wenn Sie alle in diesem Buch vorgestellten Schritte zur Onpage-Optimierung abgehandelt haben, dann können Sie direkt wieder von vorne beginnen. Die Optimierung der eigenen Webseite ist ein fortlaufender Prozess, der niemals abgeschlossen sein wird. Die Suchmaschinen ändern regelmäßig ihre Algorithmen, sodass Ihre Seite regelmäßig daraufhin überprüft werden sollte, ob sie diese Kriterien noch erfüllen kann.

4.1 Einrichtung eines kontinuierlichen Optimierungsprozesses

Natürlich müssen Sie mit der Optimierung nicht jedes Mal wieder bei 0 beginnen. Wenn Sie einmal eine gute Basis geschaffen haben, dann sind nur noch vergleichsweise geringfügige Anpassungen nötig, damit die Homepage oder der Shop wieder auf dem neusten Stand der SEO-Kriterien sind.

Es ist empfehlenswert, einen Workflow einzurichten, mit dem Sie Ihre Seite und mögliche Änderungskriterien immer im Blick haben. Insbesondere in Bezug auf Ihre Inhalte sollten Sie zwischen dem sogenannten Evergreen-Content – also zeitlosen – und aktuellen Inhalten unterscheiden. Während Evergreen-Inhalte dauerhaft Bestand haben und nicht an neue Erkenntnisse angepasst werden müssen, sollten Sie alle anderen Inhalte immer mal wieder auf Ihre Richtigkeit überprüfen.

Ein Beispiel

Sie führen eine Anwaltskanzlei und informieren Ihre Mandanten auf der Seite regelmäßig über die Gesetzeslage. Sie haben dort einen Artikel über die Höhe der Parkgebühren veröffentlich. Kommt eine Gesetzesänderung, dann ist der Artikel

© Der/die Autor(en), exklusiv lizenziert an Springer Fachmedien Wiesbaden GmbH, ein Teil von Springer Nature 2022
S. Petrov, *Grundlagen der Onpage-Optimierung*, essentials,
https://doi.org/10.1007/978-3-658-38150-9_4

veraltet bzw. bietet falsche Informationen. Sie müssen ihn regelmäßig aktualisieren, um keine Falschinformationen zu verbreiten.

4.2   Monitoring: Maßnahmen regelmäßig auf Erfolg prüfen

Bevor Sie mit der Onpage-Optimierung beginnen, sollten Sie Kennzahlen festlegen, anhand derer Sie den Erfolg Ihrer Optimierungsmaßnahmen nachvollziehen können. Überprüfen Sie in einem festgelegten Rhythmus, wie sich Ihre Sichtbarkeit und Ihre Positionen in der organischen Suche verändern, ob sich etwas am Traffic tut und ob Sie am Ende auch die gewünschten Conversion-Ziele erreichen.

Was Sie aus diesem *essential* mitnehmen können

- Wie Sie Ihre Webseite oder Ihren Onlineshop für die Top-Plätze der Suchmaschinen fit machen.
- Wie Sie mit einer attraktiven Seite und überzeugenden Inhalten die gewünschten Conversions erzielen.
- Alle grundlegenden Regeln der Suchmaschinenoptimierung, welche Bedeutung der Algorithmus hat, wie eine fundierte Webseitenanalyse aussieht und alles Wissenswerte rund um Keywords und technische Aspekte.

S. Petrov, *Grundlagen der Onpage-Optimierung*, essentials,
https://doi.org/10.1007/978-3-658-38150-9

Schlusswort

John Muller, der offizielle Webmaster Trends Analyst bei Google wurde einmal gefragt, welcher der wichtigste Rankingfaktor bei Google ist. Seine Antwort lautete: Awesomeness. Großartigkeit. Dem ist eigentlich nicht viel hinzuzufügen. Wenn Sie mit Ihrer Webseite Erfolg in den Suchmaschinen haben wollen, dann muss die Seite für Menschen gemacht sein. Bilder, Texte, Strukturen: All das soll einen realen Besucher aus Fleisch und Blut dazu bewegen, sich näher mit Ihrem Webangebot zu beschäftigen. Denn am Ende sind es auch die realen Besucher, die ihre Kreditkartennummer und ihre Adresse ins Formularfeld eintragen.

Nichtsdestotrotz müssen die Voraussetzungen dafür geschaffen werden, dass Ihre Seite über die Suche gefunden wird. Dafür enthält dieses Buch eine ausführliche Anleitung zur Onpage-Optimierung. Eines der wichtigsten Instrumente ist die Search Console, die Ihnen die Potenziale Ihrer Webseite ebenso wie deren Mängel aufzeigt und den Finger direkt in die Wunde legt. Behalten Sie die Daten dort immer im Blick und reagieren Sie darauf, wenn Google Sie auf Fehler hinweist.

Ein wichtiger Ratschlag zum Schluss: Haben Sie Geduld. Google reagiert meistens nicht über Nacht auf Veränderungen, sondern schaut sich das ganze zunächst in Ruhe an. Es existiert das Gerücht, das neue Seiten zunächst in eine Quarantäne geschickt werden, um genauer unter die Lupe genommen zu werden. So kann es zuweilen eine Zeitlang dauern, bis sich erste Erfolge einstellen. Werden Sie also nicht gleich ungeduldig und experimentieren Sie nicht alle 2 Tage weiter an den Inhalten herum. Kochen Sie sich nach getaner Arbeit eine Tasse Kaffee und warten Sie ab. Wenn Sie alle Ratschläge aus diesem Buch befolgt haben, dann werden sich mit an Sicherheit grenzender Wahrscheinlichkeit nach und nach sichtbare Erfolge einstellen.

© Der/die Herausgeber bzw. der/die Autor(en), exklusiv lizenziert an Springer Fachmedien Wiesbaden GmbH, ein Teil von Springer Nature 2022
S. Petrov, *Grundlagen der Onpage-Optimierung*, essentials,
https://doi.org/10.1007/978-3-658-38150-9

Printed in the United States
by Baker & Taylor Publisher Services